国家质量基础的共性技术研究与应用
工业制造可持续管理及改进能力验证技术研究（课题编

工 业 园 区
可持续发展研究

杨春平 ◎ 著

中国财经出版传媒集团
经济科学出版社
Economic Science Press

图书在版编目（CIP）数据

工业园区可持续发展研究/杨春平著. —北京：经济科学出版社，2021.11

ISBN 978-7-5218-3074-3

Ⅰ.①工… Ⅱ.①杨… Ⅲ.①工业园区-经济可持续发展-研究-中国 Ⅳ.①F424

中国版本图书馆 CIP 数据核字（2021）第 232833 号

责任编辑：孙丽丽　撒晓宇
责任校对：刘　娅
责任印制：范　艳

工业园区可持续发展研究

杨春平　著

经济科学出版社出版、发行　新华书店经销
社址：北京市海淀区阜成路甲 28 号　邮编：100142
总编部电话：010-88191217　发行部电话：010-88191522
网址：www.esp.com.cn
电子邮箱：esp@esp.com.cn
天猫网店：经济科学出版社旗舰店
网址：http://jjkxcbs.tmall.com
北京密兴印刷有限公司印装
710×1000　16 开　13.5 印张　180000 字
2021 年 11 月第 1 版　2021 年 11 月第 1 次印刷
ISBN 978-7-5218-3074-3　定价：54.00 元
（图书出现印装问题，本社负责调换。电话：010-88191510）
（版权所有　侵权必究　打击盗版　举报热线：010-88191661
QQ：2242791300　营销中心电话：010-88191537
电子邮箱：dbts@esp.com.cn）

序　　言

可持续发展，是国际社会在经历了长达半个世纪的对西方传统工业化发展道路进行反思和探索后于 20 世纪末形成的发展理念和目标，其核心就是摒弃"先污染后治理"、高消耗、高排放、不循环的不可持续的发展路径，走出一条经济增长与人口、资源、环境相协调的发展道路，既满足当代人的发展需求，又兼顾后代人发展需要。国际社会在探索可持续发展的实现路径时，提出了循环经济、低碳经济、绿色经济等具体经济发展模式，为可持续发展目标的实现提供了支撑。

进入 21 世纪以来，随着经济全球化深入推动，工业化、城镇化在全球范围内加快推进，人类经济社会发展与资源环境的矛盾更加凸显，全球气候变化、区域环境污染和生态退化、资源能源安全等问题越来越突出，成为制约人类可持续发展的最大瓶颈。根据联合国环境署《全球资源展望2019》报告，到 2060 年全球自然资源使用量将在 2015年的基础上增长 110%，将导致森林面积减少 10% 以上，草原等面积减少约 20%，温室气体排放量增加 43%，以及超过 90% 的生物多样性丧失和水资源短缺。因此，保障资源能源供应、改善生态环境，积极探索经济增长、社会发展与资源环境相协调的新发展方式成为世界各国的共同追求，可持续发展理念逐步深入人心，绿色发展、循环发展、低碳发展成为全球共识和发展潮流。

从世界范围看，我国是工业化后进国家，新中国成立 70 多年来特别是改革开放 40 多年来，我们用几十年的时间完成了西方发达国家两三百年走过的工业化、城镇化路程，在一穷二白的基础上发展成为世界第二大经济体,成为"世界工厂"和国际制造业中心,创造了人类发展史上的奇迹。但我国许多产业处于全球产业链的中低端,载能高、消耗大、技术含量和附加值低的产业占比较高,经济发展总体上呈现出高消耗、高排放、低效益的粗放型发展特征,发展付出了巨大的资源环境代价。当前阶段,我国GDP总量占世界的16%左右,但我国多种资源消耗总量高居世界首位,单位GDP能耗是世界平均水平的1.7倍左右,是英国的4.8倍、日本的4.1倍、美国的2.4倍。铁矿石、铜、钾等重要资源对外依存度已超过50%,石油更是超过70%,资源战略安全受到外部威胁。[①] 从世界经济发展史来看,我国经济发展过程中面临的资源环境问题是前所未有的挑战,呈现出压缩性、复杂性、紧迫性的特点。发达国家在两百多年时间里分阶段出现的资源环境问题,我国却在一个阶段集中显现出来;发达国家花几十年时间解决的环境问题,我们必须在更短时间内解决。

因此,探索经济增长与人口资源环境相协调的发展道路和具体实现途径,几乎伴随了我国整个工业化加快发展的全过程。早在1994年,针对经济增长方式过于粗放的问题,党的十四届三中全会提出经济增长模式要实现从粗放型向集约型的根本转变。21世纪初,我国工业化进程进入超快车道,资源环境问题加剧,党中央、国务院把发展循环经济作为探索经济增长与资源环境协调发展道路的一项重大举措,提出要大力发展循环经济,建设资源节约型和环境友好型社会。党的十七大首次提出建设生态文明的目标要求,党的十八大把生态文明建设纳入中国特色社会主义事业五位一体的总布局中,开启了生态文明建设的新时代。党的十九大更是把生态文明建设上升到千年大计的战略新高度,同时作出几个事关未来几十年生态文明建设的重大判断和决策:我国经济已由高速增长阶段转向高质量发展阶段,要构建绿色低碳循环发展的经济体系,推动高质量发展;我国社会主要矛盾已经转化为人民日益增长的美好生活需要和不平衡不充分的发展之间的矛

---

① 《推进绿色循环低碳发展》,中国市场出版社、中国计划出版社2020年8月第一版,第41、156、157、160页。

盾，人民群众对美好生态环境的需求已经成为矛盾的主要方面；从2020年到本世纪中叶分两个阶段实现富强民主文明和谐美丽的社会主义现代化强国，我们要建设的现代化重要特征之一就是人与自然和谐共生的现代化。习近平生态文明思想就是在这样的时代背景下诞生的，习近平生态文明思想是在总结我国绿色发展道路理论和实践成果的基础上，借鉴国际经验，形成的关于人与自然关系和人类社会文明发展规律的最新思想理论体系，是我国探索绿色可持续发展之路的最亮眼成果。中国共产党是世界上第一个把生态文明上升到执政理念的执政党，我国是世界上唯一颁布实施《清洁生产促进法》的国家，是第三个制定实施《循环经济促进法》的国家，是第一个制定循环经济国家专项规划的国家。

2020年9月22日，习近平主席在第七十五届联合国大会上郑重宣布："中国将提高国家自主贡献力度，采取更加有力的政策和措施，二氧化碳排放力度力争于2030年前达到顶峰值，努力争取2060年前实现碳中和"①。这是党中央经过深思熟虑从实现中华民族永续发展和构建人类命运共同体的高度作出的重大战略决策，是我国向世界作出的庄严承诺，也是一场广泛而深刻的经济社会系统性变革。习近平总书记在2021年3月15日中央财经委员会第九次会议上明确指出："要把碳达峰、碳中和纳入生态文明建设整体布局"②。从"双碳"目标纳入生态文明总体布局以及实现的时间节点看，"双碳"目标与我国生态文明建设战略相辅相成，与现代化强国建设相得益彰，实现"双碳"目标是建设社会主义现代化强国的必然选择，是崛起的大国的责任和担当。从"十四五"开始，我国生态文明建设进入了以降碳为重点战略方向、减污降碳增效协同发展、经济社会全面绿色转型的历史时期。

---

① 《习近平在第七十五届联合国大会一般性辩论上发表重要讲话》，新华网，2020年9月23日。
② 《推动平台经济规范健康持续发展　把碳达峰碳中和纳入生态文明建设整体布局》，载《人民日报》2021年3月16日。

从西方发达国家工业化发展道路和我国几十年的发展探索看，构建绿色低碳循环发展的经济体系，是建设生态文明、实现"双碳"和现代化强国目标的必然选择。2021年2月2日，国务院发布了《国务院关于加快建立健全绿色低碳循环发展经济体系的指导意见》，要求在国民经济的全部领域，全方位全过程推行绿色规划、绿色设计、绿色投资、绿色建设、绿色生产、绿色流通、绿色生活、绿色消费，形成绿色低碳循环发展的生产体系、流通贸易体系、消费体系，加快基础设施绿色升级，使我国的经济发展建立在高效利用资源、严格保护生态环境、有效控制温室气体排放的基础上。习近平总书记2021年4月30日在主持中共中央政治局集体学习时强调："建设生态文明、推动绿色低碳循环发展，不仅可以满足人民日益增长的优美生态环境需要，而且可以推动实现更高质量、更有效率、更加公平、更可持续、更为安全的发展，走出一条生产发展、生活富裕、生态良好的文明发展之路。"[①]

绿色循环低碳发展经济体系的宏大构想总是要落地实现，工业园区无疑是最理想的观察视角和试验田。工业园区是我国经济发展的重要载体，改革开放以来在国民经济发展中的地位越来越重要。随着生态文明建设的不断深入，生产空间、生活空间、生态空间格局不断优化，钢铁、有色、石化、化工、建材等行业园区化集聚化发展的要求越来越严，城市建成区工业企业"退城入园"趋势更加明朗，每年的园区工业增加值占国内生产总值的比重逐年提高，成为保障我国经济稳定安全的"压舱石"。工业园区的可持续发展对构建绿色循环低碳发展的经济体系，推进经济高质量发展，实现经济社会与资源环境的协调发展，实现"双碳"目标，具有重大的作用。本书聚焦园区可持续发展，从经济可持续性、生态可持续性、社会可持续性三个方面对影响可持续发展的因素进行系统分析，在此基础上构建工业园区可持续发展评价指标体系和评价模型，并对工业园区可持续发展管理与能

---

① 《习近平在中共中央政治局第二十九次集体学习时强调保持生态文明建设战略定力努力建设人与自然和谐共生的现代化》，新华社，2021年5月1日。

力提升的路径进行系统分析,最后结合典型工业园区可持续发展的案例分析,给读者建立起理论与实践相结合的桥梁。

希望本书的出版能对我国工业园区构建绿色循环低碳发展的经济体系、推动园区可持续发展提供一些启发和借鉴。

杨春平

2021 年 9 月 10 日

目　　录

第一章　绪论 …………………………………………… 1
　　第一节　研究背景及意义 ……………………………… 1
　　第二节　国内外进展分析 ……………………………… 4

第二章　可持续发展理论概述 …………………………… 31
　　第一节　可持续发展的内涵 …………………………… 31
　　第二节　可持续发展评价指标体系 …………………… 35
　　第三节　可持续发展评价方法 ………………………… 70

第三章　工业园区经济可持续发展 ……………………… 84
　　第一节　工业园区经济可持续发展影响因素分析 …… 84
　　第二节　工业园区经济可持续发展能力评估 ………… 88

第四章　工业园区环境可持续发展 ……………………… 95
　　第一节　工业园区环境可持续发展影响因素分析 …… 95
　　第二节　工业园区环境可持续发展能力评估 ………… 99

第五章　工业园区社会可持续发展 ……………………… 105
　　第一节　工业园区社会可持续发展影响因素分析 …… 105

第二节　工业园区社会可持续发展能力评估 …………… 109

第六章　工业园区可持续发展评价体系构建 …………… 114

第一节　工业园区可持续发展评价指标体系 …………… 114
第二节　工业园区可持续发展评价模型确定 …………… 117
第三节　工业园区可持续发展指数计算与等级评价 …… 120

第七章　工业园区可持续发展管理与能力提升 …………… 124

第一节　可持续发展的管理体系 ………………………… 124
第二节　可持续发展的法制体系 ………………………… 129
第三节　可持续发展的科技体系 ………………………… 136
第四节　可持续发展的生态体系 ………………………… 141

第八章　典型工业园区可持续发展分析 …………………… 146

第一节　河北沙河经济开发区 …………………………… 146
第二节　盘锦高新技术产业开发区 ……………………… 163

第九章　结语 ………………………………………………… 178

附录A　指标计算方法 …………………………………………… 180
附录B　满意度调查问卷 ………………………………………… 188
附录C　工业园区智慧化发展案例 ……………………………… 190
参考文献 …………………………………………………………… 193
后记 ………………………………………………………………… 203

第一章　绪　　论

第一节　研究背景及意义

一、研究背景

工业园区是指根据区域经济发展特征和产业集聚关系，划定一定范围的空间区域，集中产业布局、集聚生产要素，提高产业集聚度，实行一体化规划管理，优化区域功能布局，适应市场竞争和产业升级的生产区位。目前，国内的工业园区在设置上实行政府批准制，由各级政府部门审批设立。在管理运营上，一般设置园区管委会作为一级政府组织进行管理，在园区开发运营商多由园区平台公司负责园区产业及配套的基础设施的建设与运营。

中国园区的发展从改革开放之初的蛇口工业区起步，从20世纪80年代起，经过40年的发展，作为我国经济建设的重要增长极和对外开放的重要窗口，实现了发展规模和发展质量上的快速成长，已成为我国参与全球制造业价值链分工的重要载体、优化产业空间布局的有力措施和推动区域经济协调发展的强大力量，成为保障我国经济稳定安全的"压舱石"，园区产业结构和空间布局不断优化，在追求合理化和高端化目标的过程中取得了一定的成效。为实现更好的发展，工业园区不断聚集，形成产业集群，通过多种途径，如降低成本、刺激创新、提高效率、加剧竞争等，提升了整个区域的竞争能力，并形成一种集群竞争力，大大提高区域生产效率，进一步加深了区内生产的分工和协作。在这种集群内发展，除了可以分享因分工细化而带来的高效率外，而且还由于空间的临近性，大大降低因企业间频繁交易而产生的交通运输成本。

然而，随着工业园区的不断发展壮大，产业集聚所带来的负外部性作用也逐渐显现。如今，部分园区已经成为资源消耗和环境污染的重灾区，园区内部的产业规划和升级改造亟待提升，急需更加绿色可持续的基础设施建设和更加科学人性化的管理模式。事实上，如今探索更加具有可持续发展能力的工业园区，同时实现园区的经济效益、环境效益和社会效益，已经成为工业园区发展的主要方向。首先，在经济方面，通过功能化和结构化的产业规划布局，促进产业的专业化水平和生产规模的集聚水平，从而实现资源的优化配置，提高市场竞争能力；其次，在环境方面，通过土地的合理规划布局和工业废弃物的生态化处理，形成资源的可持续利用和环境污染的最小化；最后，在社会方面，妥善处理好政府、园区、企业、社区之间的关系，既要避免政企合一对企业发展积极性和主动性和负面影响，又要注意政企分离所造成的信息不对称、内部监管失效的问题，建设企业满意、职工满意、社区居民满意的良性发展生态圈。

因此，工业园区的规划管理必须改变过去单一的经济目标，创造一种更加科学的可持续发展理念，将生产与环保、生态与消费有机结合起来，让工业园区真正成为区域经济结构调整的助推器、推进城市化的重要动力、实现可持续发展的重要支撑。为实现上述目标，建立科学合理的工业园区可持续发展评价体系是引导园区实现可持续发展的第一步。

二、研究意义

发展的可持续性是世界发展研究永恒的课题。工业园区作为政府集中统一规划的指定区域，在区域内专门设置某类特定行业、形态的企业、公司等进行统一管理，不仅可以实现产业集聚、资源共享，而且在技术集约化、产业专业化方面均发挥着重要的作用，成为区域经济发展的核心和吸纳就业的主力军。工业园区在我国经济发展过程中发挥了重要作用，但也有许多园区由于环境治理不到位成为污染的集中区，或者面临着产业结构调整步伐慢、适应力差等原因，经营发展出现较大问题。因此，工业园区在发展过程中不仅要考虑经济效益，同时还要考虑园区的环境效益、社会效益以及园区的可持续发展问题。在当前经济增速放缓、国内外局势日益复杂的大环境下，加强工业园区可持续发展能力，已经成为当前工业园区发展的客观需要。其发展的可持续性影响着园区自身的健康成长和发展，对工业园区可持续发展的研究也显得尤为重要。

本书的研究意义分为两方面。一是理论意义，较为全面、具体地从经济可持续性、生态可持续性、社会可持续性三个方面对影响可持续发展的因素进行系统分析，在此基础上构建工业园区可持续发展评价指标体系和评价模型，并对工业园区可持续发展管理与能力提升的路径进行系统分析，为工业园区可持续发展研究增砖添瓦；二是实践意义，工业园区可持续发展研究成果将为政府提供参考，为规划、设计部门提供理论指导和借鉴，为园区可持续发展提供"路线图"和行动指南。

第二节 国内外进展分析

一、理论研究进展

(一) 可持续发展评价体系研究

自 20 世纪 70 年代以来，由于世界经济增长主要依靠大量的投入来取得，出现了严重的资源浪费和环境污染，导致了经济增长的减缓和一系列社会问题的出现。因此，单纯追求经济增长速度的做法受到了严厉批评（李京文，1996）。1972 年，以美国麻省理工学院的 D. 秦多斯为首的 17 人小组，向罗马俱乐部推出了一份题为"增长的极限"的报告，他们预言："如果世界人口、工业化、污染、粮食生产以及能源消耗按现在的增长趋势继续不变，这个星球上的经济增长就会在今后 100 年内某一个时候达到极限。最可能的结果是人口和工业生产能力这两方面发生颇为突然的、无法控制的衰退或下降。"尽管这一预言过于悲观，但是它给人类敲了警钟，提醒人类要想获得持续的增长，就必须停止对资源的浪费和掠夺性开发。"可持续发展"一词最早由世界自然保护联盟（International Union for Conservation of Nature and Natural Resource，IUCN）、联合国环境规划署（United Nations Environment Programme，UNEP）、野生动物基金会（World Wide Fund for Nature，WWF）1980 年共同发表的《世界自然保护大纲》作为术语提出，1987 年，联合国环境与发展委员会在《我们共同的未来》宣言中又重述"可持续发展"概念。1992年联合国召开环境与发展大会提出人类应与自然和谐一致，可持续地发展并为后代提供良好的生存发展空间；人类应珍惜共有的资源环境，有偿地向大自然索取。自此，可持续发展战略在各个国家都得到了重视。各个国家、国际组织以及研究人员从各个角度开展了可持续发展研究，可持续发展评价指标体系作为衡量"可持续发展"的尺度和工具，也逐渐开始建立、发展、丰富。

1. 国外可持续指标体系

可持续发展评价体系是可持续发展研究的重要内容，它的核心目的是为决策者提供一些从地方尺度到全球尺度的关于自然社会复合系统在短期和长期方面的运行信息（Kates R. et al.，2001）。在实践中，可持续评价被确认为一种有效的评价工具，同时也是政策制定和公共交流的有效工具，可持续发展指标涵盖了经济、社会和生态，因此在构建可持续发展指标时应综合、全面，其对国家、企业等在经济、环境、社会和技术进步的可持续性表征起到了非常重要的作用，能够通过观察现象和突出趋势，将错综复杂的信息简化（Singh R. K. et al.，2009）。国外可持续发展评价指标体系的构建大致分为三个阶段。20世纪70~80年代是萌芽期。这一时期的指数主要是基于经济学理论建立起来的，如诺德豪斯（Nordhaus）和托宾（Tobin）在1973年建立的经济福利测度指数，埃斯特斯（Estes）在1974年建立的社会进步指数等；20世纪90年代是发展期。在这个时期可持续发展评价指数如雨后春笋般出现，各国组织学者纷纷从不同角度和尺度构建了各自的可持续发展评价指数，如联合国开发计划署在1990年建立的人类发展指数、世界银行在1995年提出的新国家财富指标、世界自然保护联盟和国际发展研究中心在1995年建立的可持续性晴雨表、国际发展重新定义组织（Redefining Progress）科布（Cobb）等于1995年提出的真实发展指数（Genuine Progress Indicator）、瓦克纳格尔（Wackernagel）等在1996

年建立的著名的生态足迹和国际可持续发展工商理事会在1999年建立的生态效率指数等；21世纪初期是可持续发展评价研究的成熟期。此时可持续发展评价指标体系研究已经趋于成熟，在这一时期建立的指数更多的是注重环境、发展、经济和社会的某一个领域，研究的对象也更为具体，如联合国2000年在《千年宣言》中提出了千年发展目标，南太平洋地球科学委员会2005年建立的环境脆弱性指数以及科克（Kerk）和曼努埃尔（Manuel）在2008年建立的可持续社会指数等（曹斌等，2010）。

尽管当前可持续发展评价指数很多，但由于这些指数的准确性、科学性和适用性可能存在一定的局限性，并没有全部被广泛应用。目前，应用较多的包括生态足迹（Foot Print）、人类发展指数（HDI）、可持续经济福利指数（ISEW）、真实发展指数（GPI）等[①]。

2. 国内可持续评价指标体系

20世纪90年代以来，随着可持续发展理念不断深化，我国的可持续发展评价研究得到了较大发展，产生了诸多从不同尺度和不同角度开展的实证研究工作，并出现了一些较为系统的可持续发展评价指标体系。中国科学院可持续发展研究组在1999年的《中国可持续发展战略报告》中，提出了中国可持续发展指标体系，该指标体系分为5个等级，共采用45个指数，涵盖208个指标；国家统计局统计科学研究所和中国21世纪议程管理中心课题组、国家计委国土开发与地区经济研究所和国家统计局统计科学研究所都提出了各自的国家可持续发展指标体系；最近的还有2020年中国国际经济交流中心、美国哥伦比亚大学地球研究院和阿里研究院（2020）联合出版的《可持续发展蓝皮书》，该书构建了一套新的测度中国可持续发展的评价指标体系（China Sustainable Development Indicator System，CSDIS）。

---

① 各主要指标内涵与计算方法详见第二章第二节。

在具体应用层面，不少学者会根据实际情况对这些指标体系进行改进或者自行构建更适合的指标体系。综合来看，我国的可持续发展评价指标体系研究应用主要集中在区域和城市尺度上，对于园区、企业和产品尺度的研究相对较少。在国家层面上，潘苏楠等（2019）以科学性、系统性和可操作性等原则为指导，通过文献查阅和专家咨询的方法来确定评价指标体系的选取。他首先在CNKI数据库中检索低碳经济发展评价指标体系相关文献，对文献进行统计梳理，初步确定出评价指标体系。其次采用专家咨询法，对建立的指标体系进行调整和优化。基于以上原则和方法，分别从能耗排放子系统、生态环境子系统、经济建设子系统、技术支撑子系统和社会发展子系统五个维度，详细选择20个测度指标，构建出中国低碳经济发展评价指标体系；在区域层面上，杨朝远和李培鑫（2018）在已有文献的基础上，构建了一个包含经济4个一级指标、18个二级指标和53个三级指标的评价体系，采用因子分析方法评价中国21个城市群的可持续发展。在省域和城市层面的研究上，张自然等（2014）为探讨中国城市经济可持续发展情况，提出了一套地级及以上城市经济可持续发展评价体系，此可持续发展评价体系的一级指标包括经济增长、增长可持续性、环境质量、政府效率和人民生活五个部分，通过产出效率、经济结构、经济稳定、产出消耗、增长潜力、居住环境、环境质量、政府运行效率、人民生活水平等方面的42个具体指标，运用主成分分析法对地级市可持续发展状况进行分析，得出了中国264个地级市1990~2011年间的可持续发展指数和排名；孙群英等（2019）通过对已有文献进行梳理，总结研究构建了由绿色创新投入能力、绿色资源与环境友好能力、企业绿色创新能力、绿色创新产出能力4个一级指标、13个二级指标、34个三级指标组成的区域绿色创新能力评价指标体系，运用2012~2016年中国省级区域面板统计数据，对不同省区绿色创新能力进行定量评价和聚类分析，并以黑龙江为个案研究；魏建飞等（Wei et al.，2020）根据中国可持续发展指标体系（CSDIS）的概念，构建了一个综合指标体系，采用 Jenks 分类方法、探索性空间数据分析和地理探测器分析方法，对 2007~2017 年中国城市层面的可持续性和协调度进行了研究。

（二）工业园区生态化发展研究

自 20 世纪 60 年代以来，人类环境意识觉醒，生态环境因素成为影响工业园区可持续发展的主要力量。1977 年，美国地球化学家普宙斯顿在一篇学术会议论文中首次使用了"工业生态学"一词（钟书华，2003）。1989 年 9 月，罗伯特·福罗什和尼古拉·加劳布劳斯在《科学美国人》杂志发表论文《可持续工业发展战略》中提出了工业生态学基本思想。自 20 世纪 90 年代起，工业生态学和生态工业在国外作为一个独立前沿学科引起了政府、大学和大公司的高度重视，有关的理论和工业实践发展势头迅猛。然而如今，工业园区产业活动往往规模较大、强度剧烈、物质能量密集、安全环境风险居高不下，成为环境与经济冲突的焦点。工业园区往往产业活动规模大、强度剧烈、物质能量密集、安全环境风险居高不下，成为环境与经济冲突的焦点。生态化成为工业园区可持续发展的必然选择（贾小平，2021）。

生态工业园作为工业园生态化的具体表现形式，在 20 世纪 90 年代末期被广泛研究和应用于发达国家产业开发的重要实践中，成为国际可持续发展的一个重要领域（刘力和郑京淑，2001）。美国 Indigo 发展研究所罗威（Lowe）教授于 1992 年最早提出生态工业园的概念。欧内斯特（Ernest，1997）指出，生态工业园区的实现宗旨主要体现在系统性、协调性、环境、资源、效率和合作等方面，目标是建立一个"仿真"的自然共生系统，真正实现园区内工业生产过程中的"共生"发展模式。熊艳（2008）通过整理历来学者的观点，指出生态工业园不仅仅是追求效益的相关企业的群落、共生体，它实质上是和园区的发展相关的经济的、环境的和社会的各个方面构成的一个融合体；并且这个融合体可以跨越地理空间的限制，以虚拟的形式存在。生态工业园的发展，不仅是解决共生企业内部及之间的技术问题，建立和发展园区企业与园区周边社团组织、政府及相关部门、研究机构等之间的协作关系也十分重要，它们都是园区生态系统构成的成员。中国目前在发展工业园区时，也展现出相似的政策取向。2003年，国家环保总局发布《生态工业示范园区规划指南》，指出园区规划应遵循六大原则——与自然和谐共存原则、生态效率原则、生命周期原则、区域发展原则、高科技高效益原则、软硬件并重原则，并将生态工业园区定义为"依据清洁生产要求、循环经济理念和工业生态学原理而设计建立的一种新型工业园区，是由自然、工业和社会构成的一个区域性系统"。系统内部共享资源和互换副产品，形成产业共生组合，构建"生产者—消费者—分解者"的循环生产途径。

在工业园相关理论的指导下，在国家政策的大力支持下，我国生态工业园开始建设和实践，许多学者尝试研究生态工业园的具体设计规划与发展路径，推动理论落地，以实现园区的可持续发展和园区、企业、社会的多赢。在生态工业园的规划建设中有一部分是由国家规划新建的工业园，还有一部分是通过对传统工业园优化或再"生态化"建设而成的。王琨等（2017）以浙江嘉兴乍浦经济开发区为例，通过对其生态化改造现状、再建设的进展成效和面临问题等进行分析，从产业生态化层面提出园区生态化的建设路径，为园区可持续发展提供理论参考和实践依据。王艳红和段雪梅（2017）基于碳足迹的研究方法，测度了西部地区承接国际产业转移的碳排放，并对其原因与趋势进行了分析；从政府、市场和企业三个维度探讨了西部地区承接国际产业转移的低碳发展机制，并提出实施产业结构升级、产业集群化发展和生态工业园区建设、清洁生产与循环经济和能效标杆管理的低碳发展路径。薛伟贤等（2018）基于循环经济的思想，以生态工业园区的热电转换过程为例，通过不确定性建模与优化的研究方法对西部地区生态工业园进行优化设计，解析工业园区产业生态化循环层面的实现方案，并以此为借鉴，提出推进西部地区生态工业园区建设的实施方案及进一步推进生态文明发展的对策。廖玉清和方厚政（2020）通过梳理文献，从经济角度考虑，生态工业园设计的关键因素是园区内企业之间和行业间的匹配度。园区成员间的供需关系、供需规模及其稳定性，是生态工业园发展的重要影响因素。废物、副产品的供需关系影响到园区的废物再生水平，如果种类上不匹配或供大于需，废物减量化目标将无法实现。园区的设计和规划需要在区域已有的企业中或有发展潜力的行业中找出废物流动关系，从而挑选出在规模、方位类别等方面最为匹配和合理的建设方案。

（三）工业园区发展评价研究

工业园区可持续发展评价是园区管理和决策部门在进行园区可持续发展规划和管理过程中不可缺少的政策性工具，为科学描述、准确评价工业园区的可持续发展状况，对园区发展进行适时引导与必要预警，有必要对工业园区的发展进行评价。按照评价指导思想和理论基础的不同，当前工业园发展评价的研究主要可划分为两类。

1. 以可持续发展理论为框架的评价体系

在对工业园可持续水平进行评价时，多采用层次分析法，结合其他分析方法，构建评价模型。例如，陈秀珍和王玉灵（2008）根据生态工业园区的基本内涵和设计原则，建立层次结构的评价指标体系，选择了经济发展、资源利用、生态环境和管理能力四个功能团指标，通过理论分析法，结合指标的设置原则、筛选方法，选择内涵丰富又相对独立的指标，确定了生态工业园区可持续发展的一般评价指标体系，并对园区评价过程和方法进行了分析，构建了层次分析法和模糊综合评价法相结合的评价模型。吴倩（2009）利用平衡计分卡工具，结合世界一流园区的特征进行分部解析，形成战略地图和综合评估指标体系，并采用层次分析法对各个指标进行权重确认，对苏州工业园区创建世界一流园区的实践进行了实证分析并提出对策建议。王屹和连会青（2013）将循环经济、生态工业理论引入煤炭行业循环经济发展中，研究章村矿煤炭开采过程中，废弃物的综合利用现状、再生利用水平，以及对环境影响程度；确立了章村矿建设生态工业园的战略思路和产业链。在此基础上，建立了4级递阶结构的生态工业园评价指标体系的37项指标，采用模糊—层次综合评价法对章村矿2007年生态工业园建设水平进行了综合评价。沈江和宋叙言（2015）从"3R"原则出发，建立了生态工业园区评价指标体系，以量化、再使用、再循环为准则，设计了18个指标，并使用AHP层次分析法，为生态工业园区的评价建立了指标体系，并指出要进行减量化，在较少的资源投入下最大实现效益的可持续发展路径。宁晓刚（2015）在分析和总结了太原市高新区的经济情况以及低碳发展状况的基础上，揭示了高新区低碳发展的特点，为太原市园区低碳评价指标体系构建提供现实参考，在向能源、建筑、交通、管理、低碳经济等领域专家咨询的基础上，确定了园区低碳评价的五大评价层次：碳排放指标层、能源指标层、低碳生活指标层、经济发展指标层和低碳管理指标层，将"压力—状态—响应"模型作为整体评价框架，构建了工业园区的低碳评价指标体系，在结合主成分分析、层次分析和德菲尔等方法确定指标权重的基础上，将形成的指标体系运用到太原市高新区低碳评价中，得出了高新区低碳发展评价结果，通过分析介绍对太原市园区发展建设提出了政策建议。宁凌、马乃毅、赵方园（2017）从可持续发展的角度阐述科技园区可持续发展能力的内涵，构建科技园区可持续发展能力评价指标体系，运用层次分析—模糊综合评价（AHP - FCE）方法建立科技园区可持续发展能力评价模型，对广东省15个城市科技园区的可持续发展能力进行定性和定量评价，通过研究发展粤东西科技园区的可持续发展能力总体上远远落后于珠三角城市科技园区，粤东3个城市科技园区的可持续发展能力略高于粤西3个城市科技园区，园区发展应该采取产业转移和劳动力转移、创新驱动、产业集聚及营造良好环境等措施，以实现广东省科技园区的协调和可持续发展。

此外，也有部分文献采用因子分析方法、数据包络分析法等构建评价模型。例如，刘巍等（2012）用数据包络分析法对中国24家综合类生态工业园环境绩效进行实证研究，研究表明各园区在环境绩效上存在较大差异，通过验收的国家生态工业示范园区在环境绩效上并无明显优势。曲英和秦兰（2013）在文献研究和实地调研的基础上，运用实证分析中的因子分析方法，识别了评价生态工业园可持续发展水平的指标层级，并根据因子贡献率及因子得分系数等数理计算结果计算出了各层级指标权重值，从而定量化构建了我国生态工业园可持续发展水平评价体系，为科学地评价生态工业园的可持续发展水平提供了理论和现实指导。

综上所述，在工业园区可持续评价方面多是基于生态工业园区及科技园区，在综合分析园区发展情况下，对园区当前的发展问题进行描述，然后根据评价技术模型进行提出针对性的园区改善措施；其次，工业园区的可持续管理评价模型多以构建评价指标体系为主，其中包括目标层、因素层及基础层，进行工业园区评价的系统性分析，评价指标一般在20~50个；最后，工业园区可持续管理技术评价模型中的计算方法以层次分析法与其他方法相结合为主，对工业园区各个指标的权重等进行分析，从而找到最大影响因素，当然也有少数学者采用DEA、全要素等方法进行评析。

2. 以工业代谢理论为指导的评价体系

工业代谢理论认为经济系统的生产过程是一个将物质和能量转化为产品和废物的流动过程。生态工业园区强调资源和能量的循环利用，因而可以通过对物质、能量、水流动与交换的分析来研究生态工业园区的运行情况。物质流主要体现在产业链中，因而分析生态工业园区的物质流首先要分析投入的物质或元素在生态链中的流动和交换过程，然后根据得到的相关数据构建出园区物质流的网络模型，得到模型的优化解，以寻求最佳的配置方式，最终达到最优的经济效益、环境效益和社会效益（郝琳琳和乔忠，2008）。

张艳秋（2007）采用物质流分析工具，对金昌市的经济增长方式进行分析，评价金昌市社会经济活动中资源使用状况，结果表明金昌市现有的经济发展表现出强烈的"高资源投入，高污染排放"的线性经济特征。商华（2007）根据生态效率的经济、环境二维特征，整合能值分析和物质流分析两种理论和方法，构建了生态效率的能值—物质流分析方法，从能值—货币价值观和重量观相结合的二维角度，对工业园的生态效率进行测度，并进一步通过研究工业园生态化进程中物质脱钩和复钩现象。郝琳琳和乔忠（2008）针对我国生态工业园区的发展现状，利用循环经济理论对其物质流进行了分析，建立了4级递阶结构的生态工业园评价指标体系、37项指标，采用模糊—层次综合评价法对章村矿2007年生态工业园建设水平进行了综合评价。乔琦、万年青等（2009）从物质集成的角度提出了构建生态工业园区工业共生系统是生态工业园区规划的关键环节，并从企业内部、企业之间和园区之间3个层面介绍了工业代谢分析在生态工业园区规划中的实际应用，指出了基于工业代谢概念的物质流分析是生态工业园区规划的一项非常重要的基础工作，其分析的结果能为生态工业园区建设提供更好的技术支持。张培（2011）以工业园生态化建设为研究背景，以生态效率为主线，引入物质流分析方法（MFA），构建了基于MFA的工业园生态效率评价指标体系，从园区直接生态效率、园区总生态效率与整体生态效率三个不同空间层面全面评价工业园的生态效率，并结合生态效率弹性系数共同为工业园的生态化建设提供科学依据，并且将基于MFA的工业园生态效率评价方法应用于现实中的生态工业园区，分析讨论各项评价指标，提出了改善工业园生态效率的措施。李逢春（2011）概述了生态工业园规划建设的理论基础，通过研究哈密牛毛泉矿区的基本状况，从微观和生态工业园区两个层面对哈密牛毛泉矿区建设生态工业园进行了物质流分析，从基础设施建设、生态产业链建设和软环境建设三个方面研究哈密牛毛泉铁矿区生态工业园规划建设的主要内容，为在该矿区建设生态工业园提供方法指导。罗恩华（2014）通过对已实施循环化改造的园区进行深入调研分析，分析了不同园区循环化改造的路径设计方案，结合国内外生态工业园区和循环经济园区的发展经验及相关研究成果，设计提出了我国园区循环化改造的基本路径框架、主要任务及方法手段、评价体系，并以安徽铜陵经济技术开发区为例进行实证研究。陈洪波、姜晓峰（2016）基于董家河工业园区 2014 年的相关统计数据，建立了园区的物质流分析账户，并设计了适用于园区循环化改造的董家河多元复合循环经济模式。分析结果表明，董家河多元复合循环经济模式可显著提高园区的资源产出率与资源利用率，减少资源消耗与污染物排放，园区产业关联度可由 35% 提高到 88%，具有显著的经济、环境和社会效益。张东生、冯腾月（2018）基于理论分析和参与编制园区循环化改造实施方案的实践经验，通过分析循环化改造中园区需要识别的问题，从企业项目、产业内企业、园区三个层面明确园区循环化改造方向，提出了以信息化服务平台为支撑、以物质流分析为主要方法和以园区循环产业链构建为核心的循环化改造实施方案编制的基本框架和实施路径，为园区进行循环化改造实施方案编制提供思路和方法，并从园区组织进行循环化改造方案编制的角度，对园区如何与提供服务的第三方进行合作提出了针对性建议。徐凌星等（2019）以福建省蛟洋循环经济示范园区为例，应用物质流、生态网络和生态效率等测度分析方法，综合评估了 2012~2016 年间园区循环经济的网络关联和生态效率。王艳秋等（2019）为分析生态工业园产业耦合共生网络的发展水平，应用灰关联模型对油气资源型城市生态工业园产业耦合共生网络生态效率进行评价，结果表明，通过经济、环境、物质减量循环和网络结构关联度分析能反映产业耦合共生网络生态效率的总体水平及网络稳定性状态。

根据上述文献研究可知，关于物质流分析技术研究方面，主要有以下特点。第一，在园区层面的物质流分析技术中，研究对象多以生态园区为主。物质流分析主要是以一个国家或地区为研究对象，在近些年的学术研究中，大多数学者以生态园区为研究单位，以提高园区的生态效率和可持续发展能力为目标，对其园区内生产物质的流动模式和环境影响进行研究。第二，以循环经济为研究主体，结合物质流分析技术对地区的循环经济发展情况进行定量分析。第三，结合物质流分析技术对工业园区的污染物排放和资源消耗进行分析，为园区的环境效益、经济效益发展提供技术支持。

我国园区众多，大小不同，行政级别各异，并且园区的性质、发展方式和运作模式都存在着较大差别，因此工业园区可持续发展的评价需要具有足够的全面性和综合性。尽管我国现阶段正在规划和投入的工业园区有很多，但与其相配套的、能衡量园区发展水平的引导产业升级的工业园评价方法尚未成熟（柳楷玲，2016）。目前大部分关于工业园区可持续发展评价研究多基于经济效益可持续发展和环境效益可持续发展，很少考虑到园区的社会责任，研究园区社会效益的可持续发展问题。未来，随着我国经济建设、政治建设、文化建设、社会建设和生态文明建设"五位一体"总体布局的逐渐落地，亟待研究综合考虑经济、环境和社会效益的工业园区可持续发展评价体系，以更好地引导与促进工业园的可持续发展。

(四) 研究综述

总的来说，目前可持续发展评价指标体系研究已经趋于成熟，可持续发展是将来社会发展的主基调，可持续发展评价是可持续发展研究的重要内容，能够为决策者提供一些从地方尺度到全球尺度的关于自然社会复合系统在短期和长期方面的运行信息，作为一种有效的评价工具，为管理决策提供支持。而工业园区是中国经济发展的重要载体，其可持续发展对构建绿色循环低碳的产业体系，推进经济高质量发展，实现经济社会与资源环境的协调发展具有重要意义，因此，有必要对工业园进行生态化改造，工业园生态化发展研究开始兴起，工业园区发展评价研究作为衡量工业园可持续发展程度的工具应运而生，主要应用或借鉴可持续发展评价指标体系，对工业园的可持续发展程度进行科学的评价，对于推进工业园可持续发展意义重大，是工业园可持续发展研究的重要问题，是实施园区可持续发展战略、制订可持续发展计划、监测可持续发展进程以及科学决策和有效管理的依据（见图1-1）。

图1-1 可持续发展逻辑

工业园的可持续发展既要实现经济效益，又要实现环境效益和社会效益，在促进经济发展的同时要减少对环境的污染破坏并处理好政府、园区、企业、社区之间的关系，建设企业满意、职工满意、社区居民满意的良性发展生态圈，因此在环境、经济、社会三个维度展开工业园的可持续发展评价研究较为合理，通过观察现象和突出趋势，将错综复杂的系统信息简单化和定量化，衡量并指导工业园区可持续发展。

二、实践发展进展

（一）世界工业园区发展概况

1. 发展阶段

18 世纪下半叶，随着工业革命的兴起和不断推进，工业园区成为工业企业的集聚地，逐渐在发达国家和地区发展起来。特别是第二次世界大战以后，美国、德国、日本等发达国家进入了经济快速复苏和城市重建的历史时期，工业生产得到了极大恢复，工业园区得到了快速发展。

世界工业园区的发展历程主要分为三个阶段。

起步阶段。这一时期从 1950 年开始到 1970 年结束。在 20 世纪 50 年代，为满足世界日益增长的工业品需求，美国、德国、日本等一些国家大量兴建出口加工区，用于生产工业品以满足世界各国经济恢复和发展的需要。1959 年，爱尔兰设立了香农国际机场自由贸易区，这也是世界上首个出口加工园区。在园区内，企业可进行转口贸易、加工贸易或货物储存，享受税收优惠政策，标志着出口加工区的正式诞生。我国的台湾地区是亚洲最早设立出口加工区的地区。1965 年，台湾地区制定出台了《出口加工区设置管理条例》，先后在高雄、新竹、台中分别设立出口加工区。由于出口加工区对经济发展的拉动效应十分显著，其成为早期工业园区的典范。此后，韩国、新加坡等国纷纷效仿，设立了大量工业园区。此后，一些发展中国家也积极承接发达国家劳动密集型产业的转移，纷纷设立工业园区，成为新兴工业化国家。

转型阶段。这一阶段主要从1970年开始到1980年结束。随着中东石油危机的出现，全球化石能源价格出现大幅波动，传统工业面临能源成本上涨的压力，各国纷纷加强高新技术产业的发展，这一阶段信息技术产业也逐渐兴起，一些发达国家和地区逐渐调整产业结构，逐渐淘汰传统的工业园区，转而发展环境友好、资源能源消耗强度低的高新技术产业，导致以高新技术产业为主要特征的园区逐渐发展起来。也是在这一时期，美国建立了"硅谷"（斯坦福工业园），大力发展高新技术产业和信息技术产业，取得了显著效果。此后，美国又设立了多个以高新技术产业为主导的工业园区，也使得美国成为全球创新中心。在美国的带领下，欧洲、日本等发达国家和亚洲新兴市场国家也加大了向高新技术产业转型的步伐，纷纷设立高新技术产业园区。

繁荣阶段。这一阶段从1980年开始持续至今。在这一阶段，园区作为经济发展的主要载体，在世界各国得到了快速发展。各种规模的产业园区和农业、纺织、化工等各种类型的专业型园区快速发展，高新技术园区普遍设立，保税区、自贸区等一些综合性园区和特殊政策园区也加快发展。与此同时，受国际贸易分工和劳动力成本的影响，发达国家和地区加快了制造业向发展中国家的转移，发达国家的园区发展呈现高端化、绿色化发展趋势，产城融合发展成为发达国家园区发展新特征，工业园区在发展中国家也大量兴起。随着经济的快速增长，工业园区在世界范围内得到了快速发展。

2. 发展趋势

随着全球化的深入发展和世界竞争格局的加速变化，发达国家和地区产业园区的发展呈现出高端化、综合化和生态化发展新趋势。

高端化发展新趋势。当前，以人工智能、"5G"、"工业4.0"为特征的新一代信息技术革命的浪潮席卷全球，给传统产业带来了巨大冲击。在这一趋势影响下，世界各国加大了高新技术产业园区的投入力度，大力发展创新型产业园区。例如新加坡纬壹科技园，该园区位于新加坡中心填海区，占地 200 公顷，总投资 150 亿新元，由裕廊集团计划在 15～20 年分期完成开发。园内以知识密集型产业，如生命医药、信息通信、传媒产业为主导，配有住宅、商业、写字楼、酒店、服务式公寓、公共配套等，配套设施完善。纬壹科技城的目标是建立一个创新产业新经济体，创造宜人的硬件环境，催化科学技术研究社群，发展知识密集型产业，努力成为新加坡的技术研发中心（贝圣颉，2019）。

综合化发展新趋势。随着经济的快速发展和人民生活水平的快速提升，人们对工作环境的要求越来越高，园区也逐渐呈现出产业发展和居住生活融合发展的新趋势，特别是一些以高新技术为主要特征的新兴产业领域，园区社区化发展趋势明显。以德国 ADLERSHOF 科技园为例，柏林 ADLERSHOF 科技园位于柏林市中心东南方向 20 公里处，建于 1991 年，占地面积 4.2 平方公里。园区实行"大园区"战略，集科研、产业、配套服务于一体的高科技园区。园区软、硬件条件优越，交通便利。自 1990 年来，园区建筑和基础设施进行了翻新，现在的阿德勒斯霍夫高科技产业园是柏林的城中城。园区包括住宅区、商场、酒店、幼儿园、医院、高尔夫球场和 1 个大公园。园区的科研机构实力雄厚，自主创新能力强，合作研发密切。目前包括洪堡大学的一系列科研机构和一些知名的校外科研单位都在园区内从事科研工作。

生态化发展趋势。传统的工业园区基本上是"资源—产品—废弃"的传统线性经济发展模式，资源消耗量大、污染排放强度高。随着经济社会的快速发展，资源环境问题日益突出，成为世界各国普遍面临的问题，各国在产业园区的发展过程中也越来越重视园区的生态化、绿色化发展。20 世纪 90 年代后，在"生态工业园区（Eco-Industrial Parks，EIPs）"概念的指导下，废物在企业之间交换利用、能量和废水梯级利用,产业间横向耦合、纵向延伸,企业共享基础设施,在获得良好经济效益的同时,具有很好的节约资源、保护环境、降低成本的效果。如丹麦卡伦堡生态工业园,卡伦堡生态工业园的成功依赖于其功能稳定、可以高效利用物质、能源和信息的企业群落,包括由发电厂、炼油厂、制药厂和石膏制板厂四个大型工业企业组成的主导产业群落;化肥厂、水泥厂、养鱼场等中小企业作为补链进入整个生态工业系统,成为配套产业群落;以微生物修复公司、废品处理公司以及市政回收站、市废水处理站等静脉产业组成的物质循环和废物还原企业群落。

(二)我国工业园区发展概况

自 1984 年设立首批国家级经济技术开发区以来,我国各类开发区发展迅速,成为推动我国工业化、城镇化快速发展和对外开放的重要平台,在促进体制改革、改善投资环境、引导产业集聚、发展开放型经济上发挥了不可替代的作用。根据《中国开发区审核公告目录(2018 年版)》,目前我国有正式审核公告的各类开发区 2543 家,其中国家级开发区 552 家,省级开发区 1991 家。此外,加上各级政府设立的不在国家审核目录中的各类园区,共约有 22000 多个[1]。

1. 发展历程[2]

(1) 萌芽阶段(1979~1983 年)。

党的十一届三中全会提出把全党工作的重心和全国人民的注意力转移到社会主义现代化建设上来,确立了改革开放的基本国策,实现了中国历史上的伟大转折。我国工业园建设由此开始,并从无

---

[1] 国家发展改革委、科技部、国土资源部、住房城乡建设部、商务部、海关总署:《中国开发区审核公告目录(2018 年版)》。

[2] 同济大学发展研究院:《2018 中国产业园区持续发展蓝皮书》。

到有，由弱到强，不断发展。

1979年7月8日，深圳蛇口五湾顺岸码头正式动工深圳招商局在深圳创办蛇口工业区，标志着中国第一个对外开放的工业园区诞生。为积极承接国际产业转移，国家陆续设立了七个经济特区，主要集中在深圳、珠海等经济特区，主要从事"三来一补"加工制造业，承接港澳地区的产业转移。此时的工业园区以简单工业为主导，国家对产业设置与园区运营制度进行初步探索。在蛇口工业区与经济特区快速发展的背景下，国家看到了对外开放的力量，于是在中央政府的领导和地方政府的努力下，全国基本形成了从沿海到沿江，再由沿江到内陆城市的全面开放格局，为产业园区在全国的蓬勃发展奠定了坚实的基础。

（2）起步阶段（1984~1991年）。

1984年5月4日，中共中央、国务院批转了《沿海部分城市座谈会纪要》，进一步开放沿海14个港口城市，明确"这些城市，有些可以划定一个有明确地域界限的区域，兴办经济技术开发区"。由此，中国产业园区的发展进入了快车道。自1984年7月起，国务院批准建立大连、秦皇岛、烟台、青岛、宁波、广州、湛江、天津、连云港、南通10个经济技术开发区。20世纪80年代末又批准成立福州经济技术开发区、上海闵行经济技术开发区、虹桥经济技术开发区、漕河经济技术开发区。这一阶段，中国的国家级经济技术开发区在这个阶段达14个[①]。国家进一步明确了产业园区的基本功能，经济技术开发区主要依靠国家的优惠政策发展，同时在资金、技术、人才管理、信息等方面形成了初步积累，对外资具有一定吸引力，投资环境较为活跃，兴办了一批台资、合作、独资企业，出口加工型园区成长快速，并出现保税区、金融贸易区等特殊类型园区。

---

① 同济大学发展研究院：《2018中国产业园区持续发展蓝皮书》。

产业园区建立之初，各园区恪守中央"把开发区办成技术的窗口、管理的窗口、知识的窗口和对外政策的窗口"的"四窗口"模式。但是，由于长期与外界隔绝，对资本主义生产方式具有防范心理，以及外界资本对中国开放政策持观察试探的态度，加之产业园区间按照统一模式共同争取外资，致使在短期内除天津开发区外大部分产业园区的发展都不尽如人意。1989年，国家在上海召开全国经济技术开发区工作会议，提出了"发展工业为主，利用外资为主，出口创汇为主"的"三为主"发展方针，并修订了对沿海经济技术开发区期望过高的定位，明确以出口加工区模式谋求发展。在诸多不利因素的制约下，国家级开发区的总体发展成绩不尽如人意。从经济总量上说，14个经济技术开发区和28家高新技术产业园区在1991年实现工业产值146亿元，出口12亿美元，截至当年年底累计利用外资总额17.77亿美元。国家级开发区规模小、形式单一，区内企业技术含量低，主导产业以食品、饮料等中低端轻工业居多。[①]

（3）成长阶段（1992~2002年）。

20世纪90年代，在邓小平同志"南方谈话"的大力推动下，全国各地特别是沿海经济发达地区，迅速出现产业园区高速发展的一波热潮，国家相继出台一系列鼓励产业园区加快发展的扶持政策。这一时期，经济开发区、高新技术产业园区、大学科学园区、工业园区、出口加工区、保税区等不同功能和产业定位、种类繁多的园区形态竞相发展。这一阶段由于政府的高度重视，开发区在东部沿海地区及内陆地区都取得了巨大的成功，大大缩小了内陆地区与东部沿海地区的差距。开发区产业结构不断优化，产业链条逐步延伸，产业聚集效应日益明显，成为了国际产业分工和国际市场循环的重要环节，逐步形成了我国现代制造业的核心集聚区，并在生产性服务业领域形成了一定的发展优势。

---

① 贺沛：《年终特稿：中国产业园区四十年的回顾与总结（连载四）》，"PPP产业大讲堂"公众号，2020年12月24日。

值得注意的是,这一阶段全国产业园区的发展还存着盲目扩张的情况。此时,省市级产业园区的普遍程度令人瞠目结舌,市镇乃至乡一级都建立起大大小小的产业园区,产业园区的分布也由沿海推进到沿边、沿江乃至内陆省会城市。同时,负面作用显现,一方面是政府利用产业园区盲目招商引资扩大政绩;另一方面是企业盲目扩张,乱要优惠政策,产业园区的发展陷入"不选而入、不用而占、不择而批"的恶性循环。

到 2002 年,我国建立的 54 个国家经济技术开发区(以下简称经开区)的地区生产总值、工业总产值、工业增加值、税收、实际利用外资、出口创汇分别为 3110 亿元、7867 亿元、2210 亿元、500 亿元、77.4 亿美元、275 亿元,与 1992 年比较,工业总产值、税收、实际利用外资、出口分别增加了 29 倍、36 倍、20 倍、13 倍。2002 年,53 个国家高新区的营业收入、工业总产值、工业增加值、净利润、税收、出口分别为 15326 亿元、12937 亿元、3286 亿元、801 亿元、766 亿元、329 亿美元,与 1992 年比较,营业总收入、工业总产值、净利润、税收、出口分别增加了 65 倍、68 倍、32 倍、77 倍、142 倍[①]。

(4) 发展阶段(2003~2008 年)。

为了改变区域发展不平衡的趋势,1999 年,国家开始实施西部大开发战略,批准了中西部地区省会、首府城市设立开发区。2000 年 2 月,国务院批准设立合肥、西安、郑州、成都、长沙、昆明、贵阳 7 个国家级经济技术开发区;同年 4 月,南昌、石河子 2 个国家级经济技术开发区获准建立;7 月又批准呼和浩特、西宁 2 个国家级经济技术开发区。然而,大规模扩张不利于我国工业园区高质量发展。2003 年,国务院开始对全国各类产业园区进行清理整顿,国务院连续下发了《关于暂停审批各类开发区的紧急通知》《关于

---

① 同济大学发展研究院:《2018 中国产业园区持续发展蓝皮书》。

清理整顿各类开发区加强建设用地管理的通知》《清理整顿现有各类开发区的具体标准和政策界限》等文件，对治理整顿土地市场秩序做出了一系列部署并取得了重要成果，各地停止审批设立新的产业园区并禁止已建开发区的扩张。2004年，国家对各类违规设立的开发区加大清理整改力度，核减开发区规划用地面积2.49万平方千米，占原有规划面积的65%[①]。

为继续办好产业园区，提高产业园区的发展质量，国家对产业园区科学发展阶段的指导思想做出了调整，提出了"以提高吸收外资质量为主，以发展现代制造业为主，以优化结构为主，致力于发展高新技术产业，致力于发展高附加值服务业，促进园区向多功能综合性产业区转变"的"三为主，一致力"的发展方针，以期在推进经济发展方式转型中发挥更大作用。这一阶段，产业园区的发展逐步走向成熟。从管理体制上来看，园区基本上建立了符合国际规范的国际化管理体制，设立了综合性的经济行政管理部门，拥有了一批高素质的行政管理队伍，基本理顺了政企关系，形成了众多为企业服务的中介机构；从产业发展来看，园区由单纯为招商而招商的出口加工模式，发展成为依托核心企业和主导产业、具有鲜明特色的产业功能区。

到2008年，我国54个国家经济技术开发区的地区生产总值、工业总产值、工业增加值税收、实际利用外资、出口分别为15313亿元、45935亿元、10972亿元、2481亿元、195亿美元、2051亿美元，与2003年相比分别增加了230%、255%、204%、228%、89%和319%。2008年，53个国家高新区的营业收入、工业总产值、工业增加值、税收、净利润、出口分别为65986亿元、52685亿元、12507亿元、3199亿元、3304亿元、2015亿美元，与2003年相比分别增加了215%、205%、188%、223%、193%和295%[②]。

[①][②] 同济大学发展研究院：《2018中国产业园区持续发展蓝皮书》。

（5）成熟阶段（2009年至今）。

2009年3月，北京中关村国家自主创新示范区成为第一个国家自主创新示范区。2014年，国务院办公厅专门发布了《关于促进国家级经济技术开发区转型升级创新发展的若干意见》，2016年又颁发了《关于完善国家级经济技术开发区考核制度促进创新驱动发展的指导意见》。尽管这两个意见主要针对的是国家级经开区，但对全国各级、各类开发区具有普遍指导意义，因而也标志着我国国家级开发区正式进入转型升级和创新发展的新的历史时期。2017年，《国务院办公厅关于促进开发区改革和创新发展的若干意见》进一步指出，当前全球经济和产业格局正在发生深刻变化，我国经济发展进入新常态，面对新形势，必须进一步发挥开发区作为改革开放排头兵的作用，形成新的集聚效应和增长动力，引领经济结构优化调整和发展方式转变。并从优化开发区形态和布局、加快开发区转型升级、全面深化开发区体制改革、完善开发区土地利用机制、完善开发区管理制度五个方面对开发区的建设和发展提出了具体的意见。

2009~2017年，我国新增国家级经开区165个，新增国家级高新区102个，新增国家级保税区76个，新增国家级经济合作区4个，新增其他国家级产业开发区3个。这一时期国家级产业园区围绕未来发展目标，着力在发展理念、兴办模式、管理方式等方面加快转型，通过落实五大发展理念和深化供给侧结构性改革，努力实现由追求速度规模向追求质量效益转变，由要素驱动为主向创新驱动为主转变，由工业制造业为主向制造业和服务业融合发展转变，由政府主导投资管理向政府与社会资本合作方式转变，由同质化竞争向差异化发展转变，由硬环境见长向软硬综合营商环境取胜转变，由招商引资为主向招商引技、引智为主转变。促进国家级产业园区经济保持中高速增长，产业技术迈向中高端水平，在更高层次参与国际经济合作和竞争。截至2017年，全国共计378个国家经济技术开发区和高新技术产业开发区，两类国家级园区的合计地区生产总值为 170946 亿元，超过全国 GDP 的 20%；两类国家级园区合计上缴税收为 29327 亿元，超过全国上缴税收的 25%；两类国家级园区合计出口创汇为 55254 亿元，大约占全国出口创汇的 40%[1]。截至 2019 年 5 月，我国国家级经济技术开发区已达 219 个，高新技术产业园区 168 个，各类型省（自治区、直辖市）批准设立的开发区 1991 家（见表 1-1）。通过要素集聚、高效管理、政策创新等，目前中国工业园区吸引了诸多大型跨国公司及行业领先企业在园区投资生产，带动了周边区域经济的快速发展。

表 1-1　　　　　　　　中国工业园区的类型

类型	级别	管理机构	数量（个）
国家级经济技术开发区	国家级	商务部	219
国家级高新技术产业开发区	国家级	科技部	168
综合保税区	国家级	海关总署	55
边境经济合作区	国家级	商务部	18
旅游度假区	国家级	文化和旅游部	30
工业园区/开发区	省级	国家发展改革委	1991

资料来源：根据官方网站数据整理，截至 2019 年 5 月。

2. 我国工业园区可持续发展面临的突出问题

工业园区的快速发展推动了中国经济的高速增长，为国家的发展做出了巨大贡献。然而，中国工业园区的发展同样面临着以下三个方面的可持续发展问题与困境。

第一，园区成为资源消耗和环境污染集中区。

总体来看，中国工业园区中大多数仍是以第一、第二产业为

---

[1] 同济大学发展研究院：《2018 中国产业园区持续发展蓝皮书》。

主,高耗能、低技术产业集聚,而第三产业和一些技术密集型企业的分布仍然较少。单纯追求 GDP 的粗放式发展模式导致园区生产资源投入多、消耗大、效率低,并且带来了如空气污染、水体污染、固体废弃物污染等众多环境问题。根据 2013 年中华环保联合会对全国 9 省(直辖市、自治区)18 家工业园区的调研结果,这 18 家工业园区均在不同程度上存在环境污染问题,其中涉及水体污染的有 18 家,占比 100%;涉及大气污染的有 14 家,占比 78%;涉及固体废弃物污染对的有 3 家,占比 17%[①]。虽然目前我国工业园区建设主要以循环经济、生态工业和清洁生产等理论作为支撑,倡导发展生态工业园区,但是在实践发展中,对园区的生态环境效益的重视程度与发展手段仍然是十分缺乏的。

第二,园区产业规划和升级改造有待提升。

首先,中国设立工业园区的初始目标是发展经济,过多关注经济发展这一主线导致对工业园区的建设缺乏国家和区域的统一布局和发展规划,没有深入考虑可持续发展的问题。因此,部分园区产业结构不合理,服务业发展滞后,高新技术产业占比低,甚至有的园区内工业区、商业区、住宅区等功能分区比较混乱。在面对土地资源日趋紧张的新形势下,工业园区发展后劲不足。其次,很多工业园区建设初期所引进的产业类型简单,以传统资源加工产业为主,产业之间的融合较少且规律性不强,致使产业链较为传统单一,产品附加值低,产业升级转型压力大,同质化竞争十分严重。园区的产业规划与升级改造缺乏动力,经济效益的可持续性也难以长期维持。[②]

[①] 同济大学发展研究院:《2018 中国产业园区持续发展蓝皮书》。
[②] 事实上,对于前两点问题,国家已经出台了一系列的标准和政策措施予以初步重视。例如,科技部于 2013 年引发了《国家高新技术产业开发区创新驱动战略提升行动实施方案》,加快实施国家高新技术产业开发区创新驱动战略提升行动;原环境保护部于 2015 年制定的《国家生态工业示范园区标准》,明确规定了我国国家生态工业示范园区的建设与管理应符合循环经济理念和清洁生产的要求。但是相应的具体措施和实施力度有待进一步深化研究。

第三，园区管理体制和管理模式有待改进。

从管理体制来看，园区行政主体地位和功能定位不明确。产业园区的行政管理主体管委会均作为各级地方人民政府的派出机构，在人民政府的授权下履行经济管理和社会管理职权。根据我国法律规定，一级政府只有乡、县、市、省、国务院五级，在行政机构设置序列中，没有关于产业园区管委会的相关法律定义。可见，产业园区法律地位不明确，不具备独立行政主体资格，政策落地执行困难。

从管理模式来看，中国工业园区目前普遍实施的政企合一和政企分离两种模式，都不是园区管理的理想模式。一方面，政企合一的模式可能会削弱企业发展的积极性和主观能动性，并且园区管理的后期也往往会限制工业园区的发展；另一方面，政企分离的模式容易导致园区管理层与企业间的信息不对称，造成管理效率低、内部监管失效等问题，还可能出现管理功能重叠，给企业带来不便。如何采取有效的园区管理模式，使得工业园区的发展既有利于提升区域的经济效益，同时又注重对环境效益和社会效益的保障，将是未来中国工业园区可持续发展中需要重点考虑的问题。

第四，园区基础设施建设较为薄弱。

提高园区整体的基础设施建设水平尚未得到足够的重视。以我国中西部地区为例，中西部地区部分园区供水、供电、供热、道路、桥梁、污水处置等设施建设落后或者不完备，园区招商引资环境差，园区的长远发展受到了限制，不仅不利于中西部地区自身经济社会的发展，而且对于全国经济的协调发展也十分不利。

3. 我国工业园区发展趋势

在传统经开区、高新区基础上，工业园区日趋承载创新示范、生态文明试验等功能，在国家战略中扮演着重要角色。生态化、自主创新化、智慧化将成为未来我国工业园区发展的主要趋势。

生态化发展。我国生态工业园区数量不断增多，2016年，国家进一步将生态文明放在更高位置，启动了首批生态文明试验区的建设，选择福建、江西和贵州开展试点。2019年，中共中央办公厅、国务院办公厅印发《国家生态文明试验区（海南）实施方案》，要求通过试验区建设，确保海南省生态环境质量只能更好、不能变差，人民群众对优良生态环境的获得感进一步增强。至此，我国共有4个生态文明试验区。生态文明试验始于生态工业园区的探索尝试，侧重于遵从循环经济规律，开展生态文明体制改革综合试验，规范各类试点示范，最大限度地提高资源利用率，实现区域清洁生产。

自主创新化发展。自主创新示范原本是经开区、高新区特别是高新区的使命之一，随着自主创新示范区的设立和推广，国家开始全力依托产业园区，在推进自主创新和高技术产业发展方面先行先试、探索经验、做出示范。自2009年3月成立第一家中关村国家自主创新示范区。2015年6月，中央通过了《关于在部分区域系统推进全面创新改革试验的总体方案》，批准8个全面创新改革试验区，1个跨省级行政区域（京津冀）、4个省级行政区域（上海、广东、安徽、四川）和3个省级行政区域的核心区（武汉、西安、沈阳）；9月，国务院批准《苏州工业园区开展开放创新综合试验的总体方案》。截至2019年8月，国务院已批准中关村、武汉东湖、上海张江等21个自主创新示范区。积极探索开放与创新融合、创新与产业融合、产业与城市融合的发展道路，更好地引领全国开发区转型升级和创新发展[1]。

智慧化发展[2]。随着新工业革命爆发和信息技术的发展，大数据、互联网、人工智能等技术深入人们的工作生活。新工业革命带来的技术变革可以带动园区人才、信息、资金、数据等各类要素的

---

[1] 同济大学发展研究院：《2018中国产业园区持续发展蓝皮书》。
[2] 智慧化发展是工业园未来发展的方向，但由于现阶段我国工业园区智慧化发展尚处于初级阶段，且不易量化，故智慧化指标尚未编入本书指标体系中，仅做科普，详见附录C。

链接，依托产业园区链接城市、链接创新、链接服务、链接生活，改造传统产业园区，将大数据、互联网、人工智能等技术资源整合到产业园区里面，为产业园区内企业提供更优质的服务，让产业园区自身产生裂变，实现本身的升级。同时，新技术与智能制造的应用可以将传统产业园区打造成新式智能、智慧园区，实现传统园区向智能、绿色、智慧化园区的成功转变。新工业革命带来的新技术既是未来产业园区转型升级的支撑，也是指引未来产业园区升级的发展方向。目前，我国已经形成了"东部沿海集聚、长江中部联动、西部特色发展"的空间格局。环渤海、长三角、珠三角凭借雄厚的产业基础及良好的园区载体平台，成为智慧园区的重要聚集区域；长江中部地区借助长江中游城市群联动发展势头，大力发展智慧园区建设；西部地区依托产业转移机遇，结合各自区域特点和园区产业发展基础，加快智慧园区建设。整体来看，全国智慧园区建设多点开花、各具特色，未来面临着较大的发展空间。

第二章 可持续发展理论概述

第一节 可持续发展的内涵

一、概念提出

20世纪60年代,"二战"后以经济增长为主导的发展政策带来越来越严重的环境问题,为此,联合国于1972年在斯德哥尔摩召开世界首脑会议,要求各国在发展经济的同时加强环境管理。"可持续发展"是适应当时时代背景和社会经济发展需要而提出的新的发展观。"可持续发展"一词最早在由世界自然保护联盟(IUCN)、联合国环境规划署(UNEP)、野生动物基金会(WWF)于1980年共同发表的《世界自然保护大纲》中作为术语提出,次年,世界观察研究所的布朗教授出版著作《建立一个持续发展的社会》。80年代中期,出现了众多从不同角度探讨可持续发展的文章,但并未形成统一认知。直到1987年,联合国环境与发展委员会主席布伦特兰(Brundtland)女士在题为《我们共同的未来》的报告中正式提出可持续发展的定义,即"既满足当代人的需求又不危及后代人满足其需求的发展"。由于研究视角的不同,后来的学者对可持续发展形成了不同的认识,如按人类活动对周围环境的影响进行划分,分为经济可持续性、环境可持续性、生态可持续性和社会可持续性等;按部门进行划分,则可分为可持续农业、可持续林业、可持续社会等。目前在生态、环境和经济方面的可持续发展的定义较为多见,认知也较为统一。可持续最早用以表达人类对生态系统的状态和功能的关注,同时人类社会的经济发展也同样重要,进而将可持续的概念扩展到经济领域。经济发展源于自然资源和环境,又反作用于自然环境。可持续发展是一种人类发展的理想模式,它既要求经济系统、社会系统和自然生态系统之间和谐发展,又要求在满足人类需求的资源占用和财富分配上把眼前利益和长远利益、局部利益和全局利益有机统一起来。1991年,中国首次召开发展中国家环境发展部长级会议;次年,联合国于里约热内卢召开环境与发展首脑会议,并通过《里约环境与发展宣言》《二十一世纪议程》等重要文件,随后,联合国环境与发展大会正式发布《二十一世纪议程》,标志着世界可持续发展战略的正式确立。1994年,国务院第十六次常务会议发布《中国二十一世纪议程》,即《中国二十一世纪人口、环境与发展白皮书》,至此,我国正式确定了可持续发展战略。2012年,联合国再次在里约热内卢召开世界可持续发展首脑会议,倡议发展绿色经济,处理好经济、社会、环境、治理四者间的关系。同年,党的十八大报告将生态文明建设纳入国家发展总体布局中,形成经济建设、政治建设、文化建设、社会建设和生态文明建设"五位一体"的总体布局(见图2-1)。

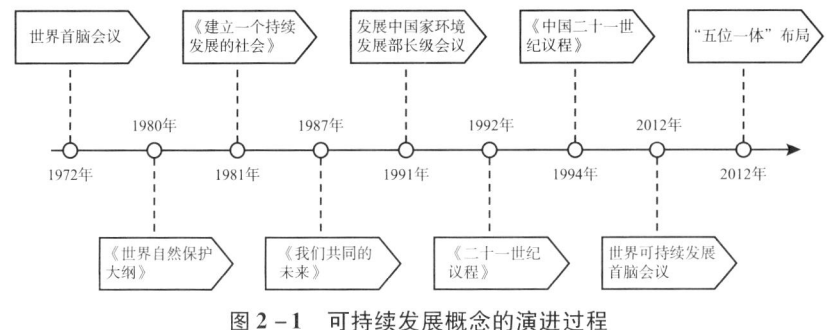

图 2–1 可持续发展概念的演进过程

二、从不同视角理解可持续发展的内涵

（一）生态学视角

可持续发展的思想源于生态平衡和环境保护，可持续发展的核心也正是研究人类发展和生态环境系统之间的一种规范或模式（曾珍香等，1998）。1991年，世界自然与自然保护联盟对可持续发展给出了这样的定义，即"改进人类的生活质量，同时不要超过支持发展的生态系统的负荷能力"。同年11月，在国际生态学联合会和国际生物科学联合会共同举行的可持续发展研讨会上，将可持续发展定义为："保持和加强环境系统的生产和更新能力"。鉴于自然和人类系统之间存在上述冲突，自然主义给出的"可持续"定义侧重于生态系统的连续性、生物多样性和生产力的持续性，强调自然给人类活动赋予的机会和附加约束（李博，1999）。

（二）经济学视角

在可持续发展问题上，许多经济学家认识到，正是传统经济学理论的缺陷及其指导下的实践才产生了环境污染与破坏。这种理论缺陷主要有：一是不考虑外部不经济性，导致破坏了自然环境，增加了公共费用的开支；二是衡量经济增长的经济学标准——GNP 不能真实地反映经济福利。可持续发展的提出是人们对传统发展模式（主要是经济发展模式）的深刻反思的结果，它对经济学带来了很大冲击，因此也是目前经济学家研究的热点。经济学家对可持续发展的定义主要有：（1）1993 年，英国环境经济学家皮尔斯和沃福德（1996）在《世界无末日》一书中提出了以经济学语言表达的可持续发展的定义："当发展能够保证当代人的福利增加时，也不应使后代人的福利减少。"（2）爱德华（Edward）在其著作《经济、自然资源、不足和发展》一书中，把可持续发展定义为"在保持自然资源的质量和其所提供服务的前提下，使经济发展的净利益增加到最大限度"。（3）经济学家对可持续发展的解释还有如下表述："持续经济增长或社会福利水平的持续提高""今天的资源使用不应减少未来的实际收入""不降低环境质量和不破坏世界自然资源基础的经济发展"及"社会总资产（包括自然资产和人造资本如技术、机器等）不随时间变化而降低的一种状态"等。

（三）社会学视角

1991 年，世界自然保护同盟、联合国环境署和世界野生生物基金会共同发表的《保护地球——可持续生存战略》中提出的可持续发展的定义是："在生存于不超过维持生态系统蕴涵能力的情况下，改善人类的生活品质。"它着重论述了可持续发展的最终落脚点是人类社会，即改善人类生活品质，创造美好生活环境。社会学家还更广泛地关心文化、制度、传统技能等因素的可持续性，认为收入分配不平等和贫富不均是导致社会经济不可持续的主要原因。有学者认为，社会分配不平等是导致环境恶化的重要原因之一，"穷人为生计而被迫破坏环境，从而造成长期损害。他们过度放牧、缩短土地休耕造成草地和耕地的退化"（蒲勇健，1997）。还有人认为，可持续发展的主题，在于正确规范"人与自然"之间和"人与人"之间的关系准则，前者是人类文明得以发展的"必要性条件"而后者是"充分性条件"，二者整合，才能真正地构建可持续发展的理想框架（李具恒等，2003）。

（四）技术进步视角

世界资源研究所于1992年提出的可持续发展的定义是："可持续发展就是建立极少产生废料和污染物的工艺或技术系统。"除此之外，詹姆斯·古斯塔夫·斯帕恩（James. Gustave. Spath）从技术选择角度扩展了可持续发展的定义，认为"可持续发展是转向更清洁、更有效的技术——尽可能将近'零排放'或'密闭式'工艺方法——尽可能减少能源和其他自然资源的消耗。"

第二节 可持续发展评价指标体系

一、国际可持续发展评价指标体系

（一）可持续经济福利指数

1. 指标内涵

可持续经济福利指数（Index of Sustainable Economic Welfare,

ISEW），是对社会政治测量方法更为深入的研究，由达莱和考勃提出，分为经济增长和福利发展，比 GDP 核算更能客观、真实地反映经济活动的真实结果。

2. 指标体系构成

从个人消费开始，增加非防护性支出和资产构成，扣除防护支出、环境损害费用和自然资产折旧，并反映社会分配的不公平。

以杜斌等（2004）对城市可持续发展的研究为例，具体说明 ISEW 各个指标。ISEW 分为两大部分，即增加福利的因子（包括加权个人消费、家庭劳动的价值等，对应表 2-1 的 C 到 F）和降低福利的因子（包括消费者耐用品差异、对健康和教育的个人防护等，对应表 2-1 的 G 到 V）。

表 2-1　　　　　　　　　ISEW 测量指标

序号	项目	序号	项目	序号	项目
A	消费者支出	I	通勤交通费用（-）	Q	臭氧层消耗的成本（-）
B	分配不公平指数	J	非伤亡交通事故损失（-）	R	长期环境损害的成本（-）
C	加权个人消费（+）（A/B）	K	耕地损失（-）	S	资源损耗（-）
D	家庭劳动的估算值（+）	L	水土流失（-）	T	城市化成本（-）
E	街道和高速公路的服务（+）	M	湿地损失（-）	U	净资本增加（+）
F	健康和教育的公共支出（+）	N	水污染成本（-）	V	净外值（-）
G	消费者耐用品差异（-）	O	空气污染的成本（-）	W	ISEW 总值
H	对健康和教育的个人防护支出（-）	P	噪声污染的成本（-）	X	人均 ISEW 值

增加福利的因子：

（1）加权个人消费。

用个人消费除以"分配不公平系数"而得。加权个人消费值加减其他各项经济贡献或负担后,所得数值方可构成 ISEW。分配收入不公平系数从"基尼系数"演化而来。本研究以各城市 1990 年的基尼系数为基准值,将该值作为 1,其余各年的分配不公平系数是其同基准年的基尼系数的比值。

(2) 家务劳动的价值。

社会上的许多重要工作(如照看小孩、维修家用设备、志愿者的劳动等)都是在家庭和城市社区中完成的。传统的 GDP 并不包括这些劳动所产生的价值,而 ISEW 则将其补充进去,办法就是以假定雇用他人来完成这些工作所需的市场费用作为这些劳动的价值。

(3) 健康与教育方面的公共支出。

公共支出除了用于健康、教育、道路和高速公路建设等领域外,还具有防护性的作用。很多重要的公共支出,如公众住宅、文化、娱乐休闲等都被忽视了。在公共支出中,一个重要的影响因素就是健康与教育的公共支出。本研究认为,总的健康支出的一半对福利有贡献,可以加入 IESW 中;教育支出的一半是为了提高自身的工作能力,也应加到 IESW 中。

(4) 耐用消费品等家庭资产和公共基础设施的服务价值。

GDP 将一些主要耐用消费品(如汽车、冰箱)的服务价值同购买时的支出混在一起,而 ISEW 则将其区分,把这些资产的购买开支作为成本予以扣除,而其随后所提供的服务价值则作为效益,两者的差值即为消费者耐用品差异。

(5) 净资本投资。

净资本的增长可看作是未来消费的来源,需要计入消费中。它表明了用于补偿人口与劳动力增加的资本存量变化,也反映了经济增长的可持续性。净资本存量的增长通过净资本存量置换成本的变化来计算,并考虑劳动力的变化。其方法如下:

$$NGG = \Delta K - C_R$$

$$C_R = \frac{\Delta L}{L} K_{-1}$$

$$\Delta K = K - K_{-1}$$

$$\Delta L = L - L_{-1}$$

其中，NGG 为净资本增长；ΔK 为资本存量变化量；C_R 为劳动所需资本；ΔL 为劳动力变化量；L 为劳动力；K 为资本存量；K_{-1} 为前一年的资本存量。净资本增长即为新的资本存量减去资本需求，而资本需求可通过劳动力变化的滚动平均得到。为了减少波动的影响，在数据可得的情况下，采用 5 年的滚动平均值。

降低福利的因子：

（1）资源损耗与生态环境的恶化。

ISEW 中须扣除资源损耗与生态恶化所带来的损失，主要包括以下 4 个方面：①经济活动中原油和煤炭等不可再生资源的消耗；②耕地和湿地减少的损失；③水土流失所造成的生产力下降的损失；④生态服务价值下降带来的损失。采用"净价格法"来计算自然资源的损耗，即采用类似于计算固定资产折旧的方法来计算自然资源的折旧。这需要建立实物账户，针对不同自然资源进行记录，并根据其净价格（利润减去边际生产成本）来计算折旧。

（2）环境污染。

ISEW 中须扣除空气、水和噪声污染的成本，作为衡量当前污染对人体健康和环境的损害。本研究对环境污染损失采用 3 个主要步骤来估算：①通过相关发病情况的调研和病理学机理，调研不同环境污染水平下污染物浓度同居民的死亡率和发病率或物质损失之间的关系；②用上述结果建立函数关系式估算实物损失量；③将实物损失量货币化。在①中，一般都需要通过医疗保健方面的大样本调查和对照分析，以此来确定环境质量或污染物浓度的变化同各种疾病的发病率之间的关系，建立相应的"剂量—反应关系式"；然后，考察特定地区的污染物浓度水平、变化趋势和环境质量，根据上述剂量—反应关系来计算各种疾病发病率的变化和相应的实物损失量；第三步根据环境经济学方法对实物损失量进行货币化。

(3) 长期的环境破坏。

ISEW 将某些特殊能源的消费以及臭氧层破坏的损失当作成本予以扣除。气候变化和对于放射性废物的管理，是化石燃料和核能利用所带来的两种长期的环境成本。这包括二氧化碳（CO_2）域外影响的损失和放射性废弃物长期管理的费用，氯氟碳（CFCs、氟利昂）导致的臭氧层破坏。

(4) 防护性开支。

居民为保护生命和财产免受侵害需要开支，GDP 将这些费用作为增加的财富。如，发生交通事故所需的医疗费用和修理费用、上下班的通勤交通费用、家庭为控制污染所需的开支以及家庭为健康和教育的防护性开支等。ISEW 则将这些防护性开支当作成本而不是收益，需要从经济福利中扣去。本研究主要根据相关的保险金额和统计局城调大队提供的数据进行初步估算，比如企业和个人的财产保险。

(5) 城市化的成本。

城市化产生了许多外部成本（如房价上涨、交通费用等），故将个人用于住宅的消费支出中的一部分作为城市化影响造成的成本而从福利中扣除。

(6) 外债。

外债反映了经济发展能力上的依赖程度。扣除净外债的目的是较准确地量度国家或地区的长期自我发展能力。

3. 指标计算方法

ISEW = 个人消费 + 非防护性支出 + 资产构成 − 防护支出 − 环境损害费用 − 自然资产折旧

以杜斌的研究（见表 2−1）为例，ISEW = C + D + F − G − H − I − J − K − L − M − N − O − P − Q − R − S − T − U − V

4. 指标应用

目前，国外学者应用 ISEW 的场景集中于环境经济学（Environmental Science Ecology）和企业经济（Business Economics），也有学者基于 ISEW 关注科技（Science Technology）、动物学（Zoology）、海洋及淡水生物（Marine Freshwater Biology）等领域（见图 2-2）；相比之下，国内学者更侧重于对宏观经济管理、经济理论及经济体制改革等的研究，也有部分的研究围绕环境科学与资源利用展开。ISEW 作为经济指标被首次提出，尽管其主流应用领域依然是经济，但发展到现在已经不仅限于经济领域，而是扩展到生态、环境领域，甚至是生物学领域。

109 环境生态科学	24 科技	16 生物多样性保护	14 社会科学	13 能源
		16 生命科学&医学		
	24 动物学		13 渔业	12 社会学
72 商业经济		15 工程学		
	21 海洋淡水生物学	15 地理学	9 计算机科学	9 管理学

图 2-2　ISEW 国外研究学科分布

资料来源：Web of Science，HDI、GPI、EF 部分均来源于此。

曹军新（2015）通过分析 1950~1990 年美国可持续经济福利指数，认为可持续经济福利指标重点关注福利发展，将经济活动所带来的资源耗竭、环境污染等外部不经济性纳入评价体系中，引导经济政策向提高共同体福利的方向进行调整。有些学者对某一地区的可持续发展能力进行研究，如杜斌等（2004）基于社会政治学理论对城市可持续性发展展开研究，以苏州、宁波、广州和扬州作为研究案例，计算了1991~2001年四个城市的ISEW，并详细分析了各项因素对ISEW的影响程度（见图2-3）。这项研究表明四个案例城市处于可持续发展或边缘可持续发展阶段，同时也证实了ISEW在中国情境下是适用的。另外，郝春旭等（2013）以三明市农村社会经济福利为切入点，对农村地区集体林权制度改革的效果进行研究，数据分析结果表明，三明市农村地区ISEW呈现先下降后上升的趋势，从2005年开始一直稳步上升，说明社会经济福利有向好的发展趋势，集体林权制度改革是有效的。刘渝琳和余尊宝（2014）应用ISEW对我国经济与社会福利进行核算，结果显示我国经济与福利增长没有出现"阈值效应"而表现为"相对阈值效应"；建立ISEW联立方程组的实证分析发现，ISEW与家庭行为净收益之间的相关性最高，政府行为净收益对ISEW具有乘数效应。张泽等（2021）基于山江海视角，采用生态敏感度—生态恢复力—生态压力度（SRP）模型、无纲量化模型、层次分析法，结合生态环境脆弱性指数，对桂西南喀斯特—北部湾海岸带进行了生态环境脆弱性的评价，为该区域的生态环境治理和恢复提供科学的理论基础和技术指导。

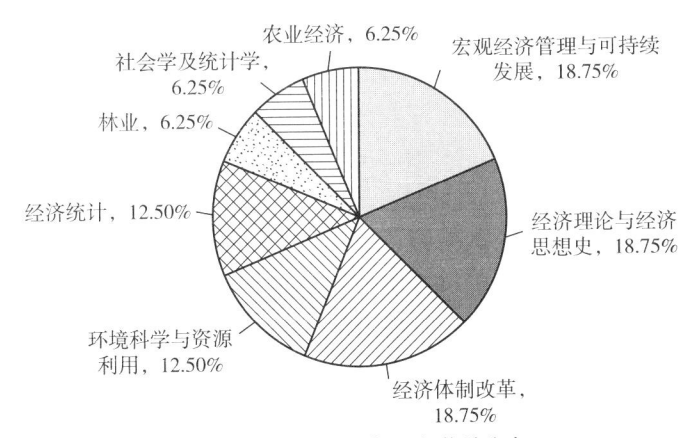

图2-3 ISEW国内研究学科分布

资料来源：中国知网，HDI、GPI、EF部分均来源于此。

（二）人类发展指数（HDI）

1. 指标内涵

人类发展指数（Human Development Index，HDI）由联合国开发计划署在《1990年人文发展报告》中提出，用以衡量联合国各成员国经济社会发展水平，是对传统的 GNP 指标挑战的结果。人类发展指数从动态上对人类发展状况进行了反映，揭示了一个国家的优先发展项，为世界各国尤其是发展中国家制定发展政策提供了一定依据，从而有助于挖掘一国经济发展的潜力。通过分解人类发展指数，可以发现社会发展中的薄弱环节，为经济与社会发展提供预警。

2. 指标体系构成

HDI 由三个指标构成：预期寿命、成人识字率和人均 GDP 的对数，分别反映了人类的长寿水平、知识水平和生活水平，并且三个指标的理想值分别为 78.4 岁、100%、4861 美元，实际最小值分别为 41.8 岁、12.3%、220 美元。

3. 指标计算方法

$$d_{ij} = (maxX_{ij} - X_{ij}) / (maxX_{ij} - minX_{ij})$$

$$D_j = 1/3 \sum d_{ij}$$

$$HDI = 1 - D_j$$

$$i = indicator\ 1,2,3$$

$$j = country\ 1,2,\cdots,130$$

给定各国的最大最小值，d_i 代表每个指标最大值和最小值的差距，D_j 代表指标的扣除部分。

以贺艳华等（2021）的研究为例，详细说明 HDI 的计算方法。HDI 有不同的测算方法，结合中国的实际情况，采用的 HDI 计算方法以 2019 年人类发展指数计算技术文件为准，包括健康长寿、知识获取和体面的生活,即健康指数、教育指数和收入指数。其中,健康指数主要用平均预期寿命指标计算,可在一定程度上反映生态环境、医疗卫生、社会治安等因素对居民福祉的综合影响;教育指数主要用平均受教育年限和平均预期受教育年限计算,良好的教育可以赋予居民获取更多、更好的社会资本的能力,从而使其拥有良好的社会关系、获得更多的尊重与自由;收入指数主要用人均国民收入计算,一般而言,收入水平越高,居民获得良好物质生活条件的可能性越大。

$$健康指数 = \frac{平均预期寿命实际值 - 平均预期寿命最小值}{平均预期寿命最大值 - 平均预期寿命最小值}$$

$$教育指数 = \frac{平均受教育年限实际值 - 平均受教育年限最小值}{平均受教育年限最大值 - 平均受教育年限最小值}$$

$$收入指数 = \frac{\ln(人均可支配收入实际值) - \ln(人均可支配收入最小值)}{\ln(人均可支配收入最大值) - \ln(人均可支配收入最小值)}$$

其中,平均预期寿命采用简略寿命表法进行计算;平均受教育年限由 6 岁及以上人口接受学历教育年数的总和除以 6 岁及以上人口总数得出,即

$$居民平均受教育年限 = \frac{6 岁及以上人口接受学历教育年数的总和}{6 岁及以上人口总数}$$

$$= \frac{6 \times 小学文化人数 + 9 \times 初中文化人数 + 12 \times 高中文化人数 + 16 \times 大学文化人数}{6 岁及以上人口总数}$$

收入指数中的人均可支配收入代替人均国民收入。

在计算出健康指数、教育指数和收入指数的基础上,计算 HDI。

$$HDI = \sqrt[3]{健康指数 \times 教育指数 \times 收入指数}$$

4. 指标应用

由于 HDI 的衡量标准比 ISEW 更加明确,有更多的学者基于此进行研究,而国内外学者的研究重点略有不同。企业经济(business economics)、社会学(sociology)、公共环境及职业健康

(public environmental occupation health)、环境科学（environmental sciences ecology）、健康保健服务（health care sciences services）及人口统计学（demography）等领域是国外学者关注的重点（见图2-4），国内学者侧重于经济及经济体制、数学统计等方面（见图2-5）。HDI是以人类福祉为核心的衡量指标，类似"幸福指数"，从这一层面来看，国外学者对HDI的研究更加"本真"，更加涉及人类健康、福利等，国内学者的研究思路较为局限，偏重于梳理分析或者宏观经济领域。

417 商业经济	297 环境科学	246 哲学	179 数学	176 社会科技
363 社会学	289 健康护理服务	168 儿科	156 社会学	133 社会科学	128 计算机科学
325 公共环境&健康学	275 民主	156 行为科学	122 肿瘤学		

图 2-4　HDI 国外研究学科分布

人类发展指数（HDI）应用也较多，且多应用于国家尺度。王圣云和翟晨阳（2018）重新计算人类发展指数（HDI），应用基尼系数、泰尔指数分解方法对1990~2014年全球人类发展水平空间差异演化及其机制进行研究。周慧敏等（2019）选取2000~2015年数据，运用人类发展指数、泰尔指数等方法，计算全国及各省区的人类发展水平，分析其时空变化特征与空间驱动因素。王圣云和姜婧（2020）使用基尼系数和泰尔系数刻画中国人类发展指数空间差异演进过程，采用基尼系数分解方法和主成分法分析空间差异的

第二章 可持续发展理论概述

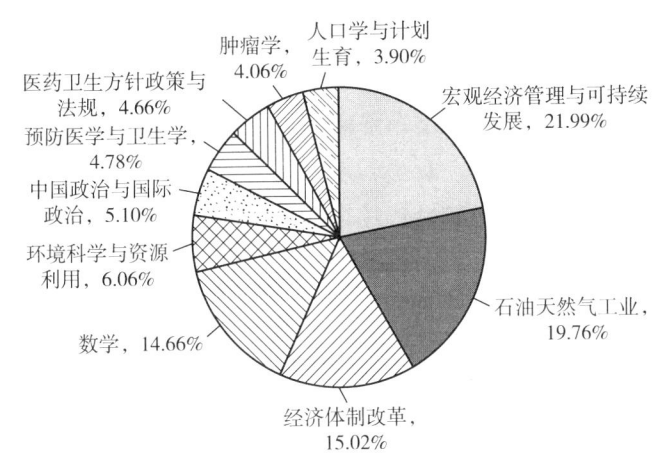

图 2-5 HDI 国内研究学科分布

来源构成及其变化，应用 Kaya 恒等式扩展和 LMDI 因素分解识别我国人类发展指数变化的驱动效应，分析了 1995～2016 年中国八大区域人类发展指数空间差异演变及其结构分解。此外，在实际应用中，为满足适用性原则，我国学者结合我国国情对这些指标进行拓展研究和体系创新，创造出更适用于我国的 CHDI 指数。黄敏和任栋（2020）基于可持续发展和民生改善对人类发展的重要贡献，从收入、教育、健康、可持续发展、民生改善 5 个维度构建了能够更好体现人类发展要义的"中国人类发展指数"，并测算比较了中国 31 个省（区、市）人类发展指数值及其排序，提出了中国人类发展指数的构建理念与测算方法，更加契合新时代的全新发展理念，提高了人类发展指数的统计鉴别力。刘呈军等（2021）应用人类发展指数，在联合国开发计划署（The United Nations Development Programme，UNDP）所建立的包含"寿命、收入、教育"3 个维度的 HDI 指标体系基础上增加"民生、可持续发展"两个维度。其中，"寿命、教育和收入"3 个维度中的指标沿用标准的 HDI 中的指标，而"民生、可持续"两个维度考虑科学性、相关性及数据的可获得性进行改进，构建适合我国国情的 CHDI，测度了我国 31 个省份 1990~2018 年的协调度发展。随着经济水平的提高，对经济活动的要求也不断提高，不只限于经济规模或数字的扩大，而更多着眼于人类精神、福利、发展方面。多位学者（贺艳华等，2021；刘呈军等，2021；王圣云等，2020）的研究均表明中国 HDI 指数明显提升，尽管地区间仍存在较大差异，但差距在不断缩小。收入指数差异的缩小是 HDI 缩小的主要原因，同时，HDI 的变化由经济效应和技术效应双轮驱动，生态效率效应和社会效应对 HDI 有抑制作用（王圣云和姜婧，2020）。王文寅和刘佳（2021）以 HDI 数值大小将不同地区进行划分，分为高 HDI 区和低 HDI 区，研究发现高 HDI 区和低 HDI 区的环境规制与全要素生产率之间具有门槛关系，并且不同地区之间也有所不同。另外，贺艳华等（2021）分析了长江经济带城镇、乡村 HDI 及其动态变化过程，数据结果显示城镇 HDI 略高于乡村，但差距呈现缩小趋势，同时也证实我国社会主义新农村与美丽乡村建设、精准扶贫战略、城乡一体化等发展战略的实施起到了关键性的作用。

（三）真实发展指数（GPI）

1. 指标内涵

真实发展指数（Genuine Progress Indicator，GPI），是由国际发展重新定义组织（Redefining Progress）科布等于 1995 年提出，用以衡量一个国家或地区的真实经济福利。GPI 扩展了传统的国民经济核算框架，包括社会、经济和环境，是对 GDP 的调整，GDP 没有对增加福利和减少福利的经济活动进行区分，忽略了非市场交易活动的贡献，如家庭和社区、自然环境等，而 GPI 对这一不足进行了补充。

2. 指标体系构成

GPI 指数评价中纳入了被 GDP 忽略的二十多个方面，把非市场服务（如家庭工作、自愿活动）进行货币化，从经济角度对国家福利进行测算。GDP 只考虑了给定年份的支出流，GPI 在此基础上还考虑了自然和社会资本的耗竭，因而更能真实地反映现行经济活动模式是否可持续。另外，GPI 还计算了经济活动中消耗的服务和产品价值，不管这些服务和产品能否用货币表示。概括来说，GPI 扣除了三项支出：防御支出（补充过去的成本）、社会成本、环境资产和自然资源的消耗。具体包括：分配不均指数、加权个人消费支出、现存耐用消费品产生的服务、义工和无偿家务劳动提供的服务价值、公共人造资本产生的服务、噪声污染成本、空气污染成本、水污染成本、臭氧损耗成本、防御和修复支出、牺牲自然资本的成本等。

3. 指标计算方式

以李婧等（2016）的研究为例，展示在中国情境下 GPI 的核算方法。

（1）个人消费支出。

以个人消费支出作为 GPI 的初始参考点。

（2）基尼系数。

由于我国实行城乡二元制，统计年鉴的居民收入按城镇与乡村分开调查，因此"对分配不公的调整"中的收入不公平指数按照城乡分开统计，以反映城镇与乡村内部的收入不公平程度。

（3）耐用消费品的支出和服务。

把购买家用设备等主要耐用消费品的开支作为成本，将其在随后数年中所提供的服务价值作为收益。

（4）防护性开支。

将公民为了保护生命和财产免受侵害的开支作为成本统计，如交通堵塞所产生的成本、发生交通事故时所需要的医疗和修理费用等。根据相关的保险金额进行估算，交通堵塞成本另外计算。

（5）犯罪和家庭破裂成本。

犯罪和家庭破裂通过医药费、财产损失、律师诉讼费等支出给个人和社会带来了巨大的经济损失，将这些成本扣除。

（6）失业成本。

不充分就业会给社会造成巨大经济损失，以假定失业人员充分就业所获得的工资来估算这项经济损失。

（7）休闲时间增加的价值。

根据在岗职工的工资水平和中国法定假期的增加对此价值进行计算。

（8）家务劳动和义务活动的价值。

用假设雇用其他人来完成这两项工作所需要的市场费用来替代。

（9）资源损耗和长期环境破坏的成本。

当今世界对资源的过度消耗实际是在预支后代资源，GPI 将这种预支量化，将农田、湿地及不可再生资源的退化和损耗当作成本。此外，还将化石燃料等特殊能源的消耗和氟利昂等有害物质的使用当成成本。其中，湿地、耕地、森林蓄积量损失数据在历年有正有负，把负值（代表湿地面积、耕地面积、森林蓄积量数据增加）改为0。

（10）环境污染成本。

污染成本主要统计的是政府环境污染治理投资情况，该投资包括城市环境基础设施建设投资、工业污染源治理投资和建设项目"三同时"环保投资，城市排水、生活和工业污水处理已包括在内，而空气污染造成的损失并没有被计算，因此将空气污染单独统计。

4. 指标应用

GPI 是 GDP 调整后较为真实的社会经济福利指标，分析图谱显示国外学者更多关注环境生态科学（environmental sciences ecology）

和企业经济（business economics）（见图2-6），与之类似的，国内学者也较多关注环境和经济领域（如宏观经济管理、环境科学与资源利用）（见图2-7）。

图2-6 GPI国外研究学科分布

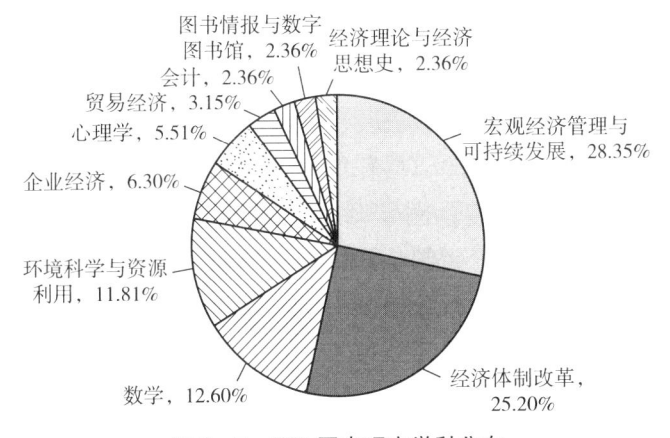

图2-7 GPI国内研究学科分布

GPI发展到现在已经不仅限于经济领域，吉田等（Yoshida et al., 2020）利用GPI指数来衡量教育，并认为教育水平的高低不仅取决于学生是否掌握超群的知识和经验,乐观、认真的态度也是衡量标准之一。从现有研究来看,与 GPI 相关的研究大多与环境、可持续发展等议题有关,中国 GPI 研究组(中国 GPI 研究组和金周英,2010)于 2010 年给出了适应中国的核算方法,在考虑贡献因素和损耗因素的基础上,同时结合中国国情,对一些指标进行调整和创新,如调整个人消费中应用城镇和农村基尼系数、我国 CO_2 排放量的计算方法。李婧等(2016)利用 GPI 探讨了"珠江模式""温州模式""苏南模式"中国三大经济模式的可持续发展性,数据显示,尽管 6 个案例城市的 GDP 都飞速增长,但其在 GPI 中的表现则不尽相同,反映出了各自的发展短板。

(四)生态足迹(EF)

1. 指标内涵

生态足迹(Ecological Footprint,EF)由魏克内格(Wackmagel)等学者于 1996 年提出。EF 是指能够持续地提供资源或消纳废物的、具有生物生产力的地域空间(biologically productive areas),其含义就是要维持一个人、地区、国家的生存所需要的或者指能够容纳人类所排放的废物的、具有生物生产力的地域面积。生态足迹估计要承载一定生活质量的人口,需要多大的可供人类使用的可再生资源或者能够消纳废物的生态系统,这被称为"适当的承载力"(appropriated carrying capacity)。

2. 指标体系构成

以杨雪丽等(2021)的研究为例,具体说明生态足迹的计算方法。生态足迹分为两部分,一是生物资源消费,二是能源消费。生物资源消费主要包括农产品、林产品、动物产品和水果产品等的消费,结合当地的实际情况采集数据,如果所研究的地区的货物出口量远远小于货物进口量,可以认为当地的资源产品全部为当地居民所消费；生物资源生产性土地面积可以通过生物资源的平均产量进行折算得到。能源消费包括原煤、汽油、煤油、焦炭、电力和柴油等，同样结合当地实际情况，如果当地矿产资源匮乏，同时又被禁止开采矿产，可以认为当地的能源消耗只有电力。在得到各个部分的数据之后，再将各类生物资源和能源资源消费的生产性面积进行加权求和，用各类生物生产性土地面积乘以相应的均衡因子，得到生态足迹量。

3. 指标计算方式

（1）计算各类消费所使用的土地 S_i。

$$S_i = \frac{C_i}{Y_i} = \frac{(P_i + I_i - E_i)}{Y_i}$$

其中，C_i 为 i 项消费总量，Y_i 为 i 类土地生产力，P_i 为 i 项当地生产力，I_i 为 i 项消费的进口量，E_i 为 i 项消费的出口量。

（2）计算总土地占用。

$$\sum S_i = S_1 + S_2 + S_3 + S_4 + S_5 + S_6$$

其中，S_1 为耕地，S_2 为草地，S_3 为建筑用地，S_4 为林地，S_5 为近海水域，S_6 为能源用地。

4. 指标应用

与之前提到的 ISEW、HDI、GPI 三个指标不同的是，EF 本身就是作为生态环境指标被提出的，因此其主要出发点在于衡量人类经济活动对生态的影响。目前，国内外学者均在环境、生态等方面研究较多，环境生态科学（environmental science ecology）是国外学者的第一大研究领域，类似的，国内学者的研究集中于环境科学与资源利用（见图 2-8、图 2-9）。

EF 应用最多也最为广泛，既应用于区域、省域、市域尺度甚至县域尺度，又能应用于具体的产业研究上。在区域和省域尺度上，魏黎灵等（2018）以闽三角城市群为研究区，以 NPP 数据反

321 环境生态科学	107 生物多样性保护	71 数学计算生物学	62 地理学	51 农业
174 商业经济	96 工程学	48 计算机科学	36 社会科技	28 公共管理
118 公共环境&健康学	74 能源	42 数学	23 社会学	22 植物科学

图 2-8　EF 国外研究学科分布

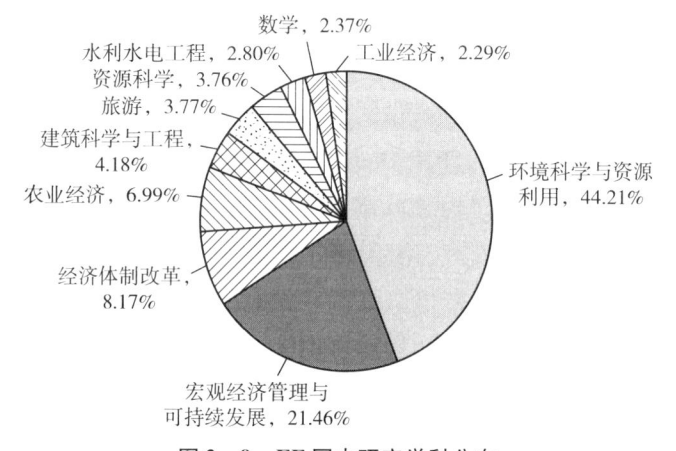

图 2-9　EF 国内研究学科分布

- 数学，2.37%
- 水利水电工程，2.80%
- 工业经济，2.29%
- 资源科学，3.76%
- 旅游，3.77%
- 建筑科学与工程，4.18%
- 农业经济，6.99%
- 经济体制改革，8.17%
- 宏观经济管理与可持续发展，21.46%
- 环境科学与资源利用，44.21%

映现实生物量，采用"国家公顷"实现产量因子区域化，测算 2010~2015 年的区域生态足迹、生态承载力、生态赤字以及生态压力指数，评价区域生态安全状态。朱文博等（2019）选取具有代表性的食物供给服务、淡水供给服务和固碳服务，运用生态系统服务足迹算法和多区域间投入产出模型，核算中国省区典型生态系统服务足迹和省域间的动态流动以及影响因素。阮熹晟等（2021）在综合考虑区域内各省市经济发展程度和人民生活水平的基础上，对长江经济带区域内11个省市的耕地生态服务价值、耕地生态足迹等进行量化测算，通过引入耕地生态超载指数，最终建立耕地生态补偿量测算模型，得出区域内各省市耕地生态补偿量。在县域尺度上，甄翌等（2020）沿用不可转移生态足迹反映旅游城镇化地区所承受的生态压力，利用偏最小二乘法构建足迹与驱动因子之间的回归模型，并通过构建驱动指数模型，比较各驱动因素对不可转移生态足迹变化的贡献；以张家界为案例地，研究旅游城镇化各阶段足迹演变及驱动规律。在产业尺度上，生态足迹的研究多应用于农业、林业及旅游业。例如，胡世伟和汪东亮（2018）将生态足迹应用于农业领域，以生态足迹理论为指导研究影响休闲农业发展的驱动因子，采用层次分析法（AHP），构建休闲农业发展驱动因子指标评价体系，确定各指标权重。以期为推动休闲农业的发展提供借鉴。朱万春（2018）将生态足迹应用于旅游业，针对不同地区采用科学有效的方式开展旅游扶贫的识别，调查贫困人口参与旅游扶贫的情况，并对旅游扶贫目标受众进行精准识别、帮扶及管理；基于可持续发展理论和生态足迹模型，文章提出了旅游行业精准扶贫识别体系，最大限度地保证了边远地区旅游业健康良性可持续发展，为早日实现边远地区人民脱贫致富、开拓良性可持续旅游发展模式的宏伟战略目标提供了有力保障。陈振环等（2020）将生态足迹应用于林业，基于1998~2017年木质林产品和能源消费的时间序列数据，从林业所包含的经济属性和生态属性视角出发，采用改进的生态足迹模型测度了中国林业生态足迹、生态压力与生态效率。由于EF与环境关联较为密切，因此多用来分析某地区环境及可持续发展，而国家或地区层面出台的政策是生态环境保护与维持中的关键力量，比如，在生态省试点阶段，省份完善的立法环境是抑制生态足迹增长的重要机制，具体来说，提高"清洁产业比重"产生的结构效应使得生态足迹下降（符正平和麦景琦，2021）。杨雪丽等

(2021)同样利用 EF 对川西北高原地区的生态保护之路进行了探讨,并据此提出在国家、地区层面的相关建议。

(五)评价指标体系总结对比分析

以上四个指标有一个共同点,将 GDP 核算中忽略的人类福祉纳入衡量标准,充分展示了人类的主观能动性。但四个指标的侧重点稍有不同,ISEW 和 GPI 是在 GDP 的基础上演变而来的,均是减去由于经济活动所带来的资源耗竭、环境污染等负面福利,从而能更加客观地评价经济活动的有效性。与 GPI 相比,ISEW 更加强调人类福祉,环境污染为人类福利带来多大的损害,GPI 则更偏重于环境污染和资源损耗所带来的隐形的对经济长期发展的不利影响。HDI 以人类为主体,衡量经济发展如何提升人类的"幸福感"。EF 则从自然环境角度出发,评估经济活动对人类赖以生存的自然环境的影响。尽管四个指标都有各自不同的侧重点,但无一例外都是巨大进步,更加以人类为主体,不再单纯关注经济数字的变化,更多地意识到生态环境与经济社会发展的交互作用对人类的影响。

二、国内可持续发展评价指标体系

(一)中国可持续发展能力评估指标体系

1. 指标内涵

中国科学院可持续发展战略研究组开辟了可持续发展研究的系统学方向,将可持续发展视为由具有相互内在联系的五大系统构成的复杂系统的正向演化轨迹,并依据此理论设计了具有描述、分析、评价、预测等功能的评价体系，构成一套"五级叠加、逐层收敛、规范权重、统一排序"的中国可持续发展能力评估指标体系。

2. 指标体系构成

中国可持续发展能力指标体系分为总体层、系统层、状态层、变量层和要素层五个等级，其中总体层是从整体上综合表达整个国家或地区的可持续发展能力，代表着国家或地区可持续发展总体运行态势、演化轨迹和可持续发展战略实施的总体效果；系统层是指将可持续发展系统解析为内部具有内在逻辑关系的五大子系统，即生存支持系统、发展支持系统、环境支持系统、社会支持系统、智力支持系统（见图2-10），这一层次主要揭示各子系统的运行状态和发展趋势；状态层反应决定各子系统的主要环节和关键组成成分的状态，包括某一时间段面上的状态和某一时间序列上的变化状况，如将生存支持系统阐释为生存资源禀赋、农业投入水平、资源转化效率和生存持续能力四方面的状态；变量层从本质上反映、揭示状态的行为、关系、变化等的原因和动力，在该指标体系中共遴选45个指标来加以表征，如生存资源禀赋通过土地资源指数、水资源指数、气候资源指数和生物资源指数四个变量进行衡量；要素层是指具有可测性、可比性和获得性的指标及指标群，对变量层的数量表现、强度表现、速率表现给予直接度量，是该指标体系的最基层要素，如土地资源指数可以通过人均耕地面积、耕地质量、耕地面积的变化三个具象指标进行衡量。

（二）中国可持续发展指标体系

1. 指标内涵

2020年，中国国际经济交流中心、美国哥伦比亚大学地球研究院和阿里研究院（2020）联合出版了《可持续发展蓝皮书》（中国可持续发展评价报告），这本报告记述了突如其来的新冠肺炎疫情

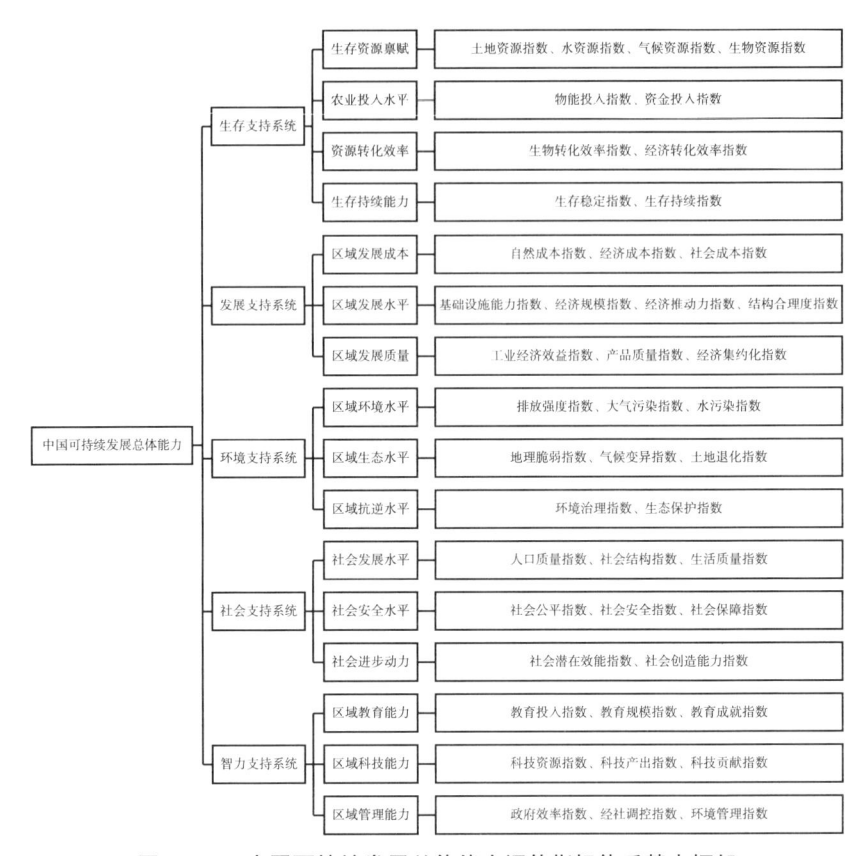

```
                                                  ┌─ 生存资源禀赋 ── 土地资源指数、水资源指数、气候资源指数、生物资源指数
                                                  │
                               ┌─ 生存支持系统 ──┤─ 农业投入水平 ── 物能投入指数、资金投入指数
                               │                  │
                               │                  ├─ 资源转化效率 ── 生物转化效率指数、经济转化效率指数
                               │                  │
                               │                  └─ 生存持续能力 ── 生存稳定指数、生存持续指数
                               │
                               │                  ┌─ 区域发展成本 ── 自然成本指数、经济成本指数、社会成本指数
                               │                  │
                               ├─ 发展支持系统 ──┤─ 区域发展水平 ── 基础设施能力指数、经济规模指数、经济推动力指数、结构合理度指数
                               │                  │
                               │                  └─ 区域发展质量 ── 工业经济效益指数、产品质量指数、经济集约化指数
                               │
                               │                  ┌─ 区域环境水平 ── 排放强度指数、大气污染指数、水污染指数
  中国可持续发展总体能力 ──┤─ 环境支持系统 ──┤─ 区域生态水平 ── 地理脆弱指数、气候变异指数、土地退化指数
                               │                  │
                               │                  └─ 区域抗逆水平 ── 环境治理指数、生态保护指数
                               │
                               │                  ┌─ 社会发展水平 ── 人口质量指数、社会结构指数、生活质量指数
                               │                  │
                               ├─ 社会支持系统 ──┤─ 社会安全水平 ── 社会公平指数、社会安全指数、社会保障指数
                               │                  │
                               │                  └─ 社会进步动力 ── 社会潜在效能指数、社会创造能力指数
                               │
                               │                  ┌─ 区域教育能力 ── 教育投入指数、教育规模指数、教育成就指数
                               │                  │
                               └─ 智力支持系统 ──┤─ 区域科技能力 ── 科技资源指数、科技产出指数、科技贡献指数
                                                  │
                                                  └─ 区域管理能力 ── 政府效率指数、经社调控指数、环境管理指数
```

图 2-10　中国可持续发展总体能力评估指标体系基本框架

对人类思想认识上的冲击，让人们意识到除了经济增长之外，社会民生、公共卫生、生态环境、污染防治等对经济社会的持续健康发展而言同等重要。该报告开创性地构建了一套新的测度中国可持续发展的评价指标体系——CSDIS。

2. 指标体系构成

中国可持续发展指标体系（CSDIS）以主题领域为主要形式，同时考虑领域之间的因果关系。这个框架由 5 个主题构成：经济发展、社会民生、资源环境、消耗排放和治理保护（见图 2-11、表

2-2)。其中，将可持续发展中最常见的三个主题社会（社会民生）、经济（经济发展）和自然（资源环境）都包含进来，在此基础上，针对自然主题，增加两个因果关联主题：消耗排放与治理保护。资源环境描述的是自然存量，包括资源环境的质量和水平。消耗排放是人类的生产和消费活动对自然的消耗和负面影响，是自然存量的减少。治理保护是人类社会为治理和保护大自然所做出的努力，是自然存量的增加。社会民生的增长和资源环境的不断改善又属于人类社会发展的动力。经济的稳定增长是保障社会福利、可持续治理的前提和基础。

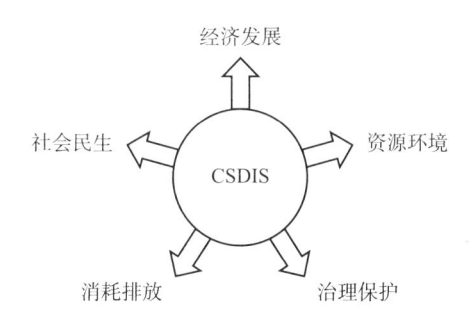

图 2-11 中国可持续发展指标关系示意图

表 2-2　　　　　　　　中国可持续发展指标体系

一级指标	二级指标	三级指标	单位
经济发展（15 分）	创新驱动	科技进步贡献率*	%
		研究与试验发展经费支出占 GDP 比例	%
		每万人有效发明专利拥有量	件
	结构优化	高技术产业增加值占工业增加值比例	%
		信息产业增加值占 GDP 比例	%
		第三产业增加值占 GDP 比例	%
	稳定增长	GDP 增长率	%
		城镇登记失业率	%
		全员劳动生产率	万元/人

续表

一级指标	二级指标	三级指标	单位
社会民生（15分）	教育文化	财政性教育经费支出占GDP比例	%
		劳动年龄人口平均受教育年限	年
		万人拥有公共文化设施面积	平方米
	社会保障	基本社会保障覆盖率	%
		人均社会保障财政支出	元
	卫生健康	人口平均预期寿命	岁
		卫生总费用占GDP比重	%
		每万人拥有卫生技术人员数	人
	均等程度	贫困发生率	%
		基尼系数*	
资源环境（20分）	国土资源	人均碳汇*	吨二氧化碳
		人均绿地（含森林、树木、草原、耕地、湿地）面积	亩
		土壤调查点位达标率	%
	水环境	人均水资源量	立方米
		水质指数	%
	大气环境	检测城市空气质量达标率	%
		检测城市平均PM2.5年均浓度	微克/立方米
	生物多样性	生物多样性指数*	
消耗排放（25分）	土地消耗	单位建设用地面积的二、三产业增加值	万元/平方公里
	水消耗	单位工业增加值水耗	立方米/万元
	能源消耗	单位GDP消耗	吨标煤/万元
	主要污染物排放	单位GDP主要污染物排放（单位化学需氧量排放、氨氮、二氧化碳、氮氧化物）	吨/万元
	工业危险废物产生量	单位GDP危险废物排放	吨/万元
	温室气体排放	非化石能源占一次能源比例	%
		碳排放强度*	吨二氧化碳/万元

续表

一级指标	二级指标	三级指标	单位
治理保护 （25分）	治理投入	生态建设资金投入与GDP比*	%
		环境保护支出与财政支出比	%
		环境污染治理投资与固定资产投资比	%
	废水利用率	再生水利用率	%
		污水处理率	%
	固体废物处理	工业固体废物综合利用率	%
	危险废物处理	工业危险废物处置率	%
	垃圾处理	生活垃圾无害化处理率	%
	废气处理	废气处理率	%
	减少温室 气体排放	碳排放强度年下降率*	%
		能源强度年下降率	%

注："*"代表目前难以获得数据，但期望未来加入的指标。

指标设立原则：

（1）秉承"共同但有区别的责任"原则。CSDIS包括了温室气体方面的相关指标，这些指标既有效率指标，如能源强度、二氧化碳强度，也有总量指标，如能源消费总量、碳排放总量。作为一个发展中国家，中国通过总量指标来约束经济社会发展行为，充分展现了中国政府和人民在应对全球变化这个全球共同性问题上的巨大决心和诚意。但是，在这些指标的目标设定上，需要充分考虑中国是一个发展中国家的事实。

（2）着眼于从"效率控制"到"容量控制"。《中共中央、国务院关于加快推进生态文明建设的意见》是一部体现中国可持续发展理念的纲领性文件。文件有一个重要的内容，可看作对改善政府管理的刚性要求，即"严守资源环境生态红线。树立底线思维"。同时，要配套建立起"领导干部任期生态文明建设责任制，完善目标责任考核和问责制度"。要建立起一整套与之配套的指标和绩效考核体系，需要将现行的标准控制向总量、质量和容量控制渐次推进。考虑到评估对象的横向可比较性，CSDIS选择的基础指标大部分是标准指标，也有一些总量指标。为了在应用过程中发挥质量控制和容量控制的作用，CSDIS纳入了一些涉及资源和环境生态红线的关键指标，还有在可持续治理领域能发挥关键约束作用的指标。

（3）反映"可持续性生产"与"可持续性消费"。从20世纪70年代开始，人类进入了全球生态超载状态，人类的生态足迹超出了地球生物承载力，在2010年人类的生态足迹已经大到需要1.5个地球才能提供其所需要的生物承载力的程度。在投资和出口拉动型的经济模式中，中国面临着巨大的来自生产端的资源环境压力。但是，从长远来看，随着中国经济内需型转型和持续中高速增长，消费端面临的生态压力将逐步加大。在CSDIS设计中，充分考虑了可持续性生产和可持续性消费。比如人类的影响里，既有生产活动的影响指标，又有消费活动的影响指标。在可持续治理方面也是这样，既有生产方面的治理投入、目标和行动，也有消费方面的约束。

（4）反映"增长"和"治理"两轮驱动。在CSDIS里，"稳定的经济增长"和"可持续治理"是两个核心的主题。如果没有稳定的经济增长，社会福利水平将难以保障，也没有更多的能力来做生态修复和环境保护的工作。同时，要认识到可持续治理与经济增长是相辅相成的。可持续治理是人类对自然的正反馈，是积极的影响。它不仅仅是成本投入，也是经济增长的重要动力。在CSDIS里，人的发展包含了社会福利增加和经济稳定的增长，自然的发展体现在资源的高效利用、生态得到修复、环境得到治理和保护上。

（5）既"立足当下"又"面向未来"。可持续发展是一个长期的过程，不是一时一地的项目，而是全局性、战略性、共同性的巨大工程。因此，在CSDIS指标的选取中，既要立足当下，着眼于当前能够做、必须要的事情，也要放眼未来，考虑一些将来可以做、应当做的事情。比如，在指标选取中，为了评估对象的横向比较，需要选取的指标可测量、可报告和可核查。同时，一些指标按照现在的统计口径无法获得，但我们认为比较重要，具有代表性，通过一定的努力未来可以获得，也将其纳入CSDIS。

（三）可持续发展指标体系总结对比分析

由中国科学院可持续发展战略研究组构建的中国可持续发展能力评估指标体系（以下简称能力评估体系）和由中国国际经济交流中心等构建的中国可持续发展指标体系（以下简称CSDIS）均涉及五个方面，而具体衡量指标不同，图2-12给出了两个指标体系间的对应关系。能力评估体系的发展支持系统和CSDIS的经济发展均用于评价发展水平，如某区域的产值、创新等方面的表现；前者体系中的生存支持系统和环境支持系统用于评价自然资源、生态环境等，与后者体系中的资源环境、消耗排放和治理保护等三个一级指标对应；前者体系中的社会支持系统和智力支持系统用于评价整体管理和服务水平，对应后者体系中的社会民主指标。在构建指标体系的基础上，两者都利用实际数据对所构建的评价体系进行了验证，数据均来源于国家统计局。

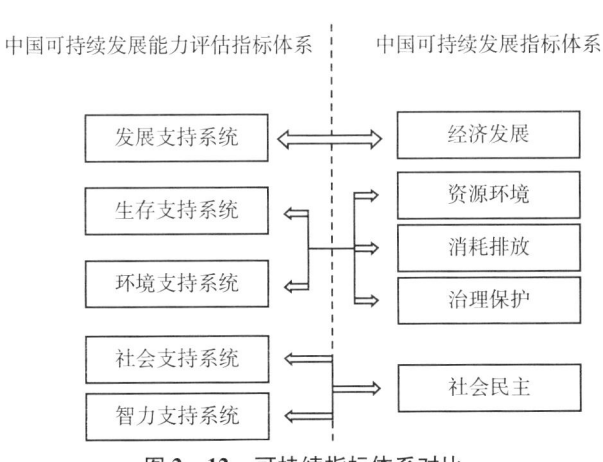

图2-12 可持续指标体系对比

三、国内工业园区可持续发展评价指标体系

可持续发展包括经济、环境和社会目标的共同实现，它象征着经济、环境以及社会三大系统互相作用、和谐发展（张世秋，1996）。作为工业可持续发展的重要实现载体和社会大系统中的子系统，工业园区越来越受到国家及地方政府的重视。工业园区的作用不只要拉动经济增长，还要实现内部经济、环境和社会的协调统一、持续发展，应在经济发展、环境保护和绿色管理等方面之间取得平衡，因此，对工业园区的可持续发展能力的评估愈显重要和迫切。为此，国家分别于2009年和2015年出台了综合类生态园区标准和国家生态工业示范园区评价指标体系。

（一）国家生态工业示范园区评价指标体系

国家生态工业示范园区是指依据循环经济理念、工业生态学原理和清洁生产要求，符合本标准和《国家生态工业示范园区管理办法》及其他相关要求，并按规定程序通过审查，被授予相应称号的新兴工业园区。与下面提到的综合类生态园区标准、行业类生态园区标准等相比，此标准更高，生态工业园区须达到国家标准才可被称为国家生态工业示范园区。图2-13展示了国家生态工业示范园区评价指标体系的一部分，该体系包括经济发展、产业共生、资源节约、环境保护和信息公开五个一级指标，每一个一级指标均包括三个及以上的二级指标，园区可以根据自身特点选择其中的至少23项指标，作为评价该园区的标准。

第二章 可持续发展理论概述　63

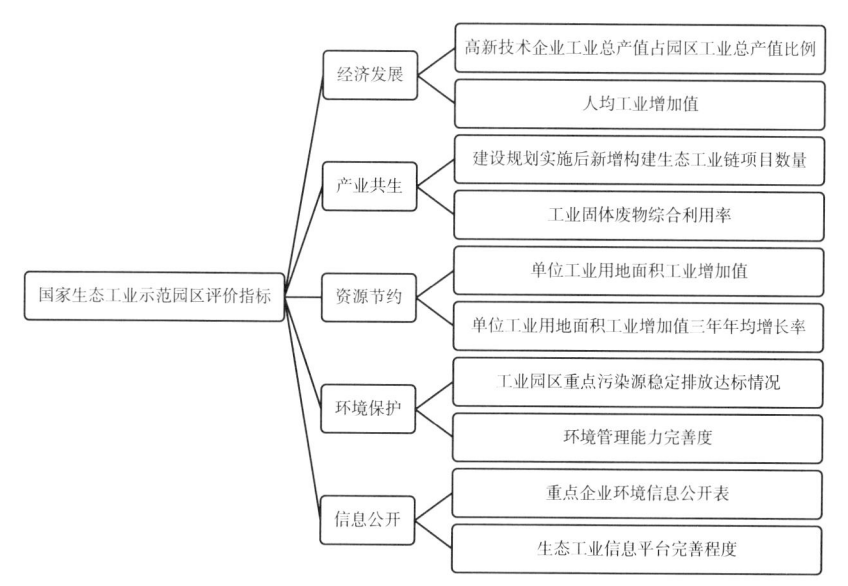

```
国家生态工业示范园区评价指标
├─ 经济发展
│   ├─ 高新技术企业工业总产值占园区工业总产值比例
│   └─ 人均工业增加值
├─ 产业共生
│   ├─ 建设规划实施后新增构建生态工业链项目数量
│   └─ 工业固体废物综合利用率
├─ 资源节约
│   ├─ 单位工业用地面积工业增加值
│   └─ 单位工业用地面积工业增加值三年年均增长率
├─ 环境保护
│   ├─ 工业园区重点污染源稳定排放达标情况
│   └─ 环境管理能力完善度
└─ 信息公开
    ├─ 重点企业环境信息公开表
    └─ 生态工业信息平台完善程度
```

图2-13　国家生态工业示范园区评价指标

（二）综合类生态工业园区标准

生态工业园区是依据循环经济理念、工业生态学原理和清洁生产要求而建设的一种新型工业园区。它通过理念更新、体制革新、机制创新，把不同工厂、企业、产业联系起来，提供可持续的服务体系，形成共享资源和互换副产品的产业共生组合，建立"生产者—消费者—分解者"的循环方式，寻求物质闭环循环、能量多级利用、信息反馈，实现园区经济的协调健康发展。而综合类生态工业园区是由不同行业的企业组成的工业园区，主要指在经济技术开发区、高新技术产业开发区等工业园区基础上改造而成的生态工业园区。图2-14展示的是综合类生态工业园区评级指标体系的一部分，该标准体系中指标数据主要来源于中国城市统计年鉴、环境保护统计年鉴和国家级经济技术开发区综合统计报表等。

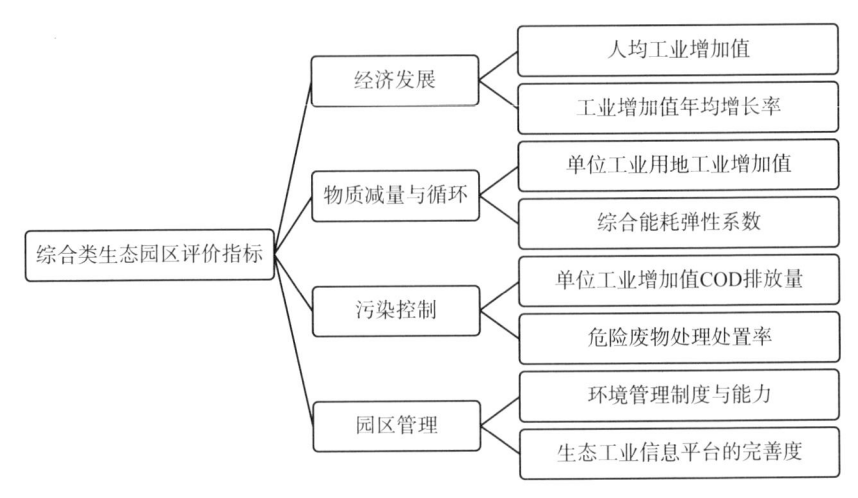

```
综合类生态园区评价指标
├─ 经济发展
│   ├─ 人均工业增加值
│   └─ 工业增加值年均增长率
├─ 物质减量与循环
│   ├─ 单位工业用地工业增加值
│   └─ 综合能耗弹性系数
├─ 污染控制
│   ├─ 单位工业增加值COD排放量
│   └─ 危险废物处理处置率
└─ 园区管理
    ├─ 环境管理制度与能力
    └─ 生态工业信息平台的完善度
```

图 2-14 综合类生态园区评价指标

（三）行业类生态工业园区标准

行业类生态工业园区是以某一类工业行业的一个或几个企业为核心，通过物质和能量的集成，在更多同类企业或相关行业企业间建立共生关系而形成的生态工业园区。与综合类生态工业园区不同的是，行业类生态园区标准针对的是某一特定类型行业中的企业，评价对象更为聚焦，评价标准更具针对性。该指标涵盖经济发展、物质减量与循环、污染控制和园区管理四个方面，每个方面包括若干个具体评价指标，并有相应的参考标准（见表 2-3）。

表 2-3　　　　　　　　行业类生态工业园区指标

项目	指标	单位	指标值或要求
经济发展	工业增加值增长率		≥12%
物质减量与循环	单位工业增加值综合能耗（标煤）	吨/万元	达到同行业国际先进水平
	单位工业增加值新鲜水耗	立方米/万元	

续表

项目	指标	单位	指标值或要求
物质减量与循环	单位工业增加值废水产生量	吨/万元	
	工业用水重复利用率	%	
	工业固体废物综合利用率	%	
污染控制	单位工业增加值COD排放量	千克/万元	达到同行业国际先进水平
	单位工业增加值SO_2排放量	千克/万元	
	危险废物处理处置率		100%
	行业特征污染物排放总量*		低于总量控制指标
	行业特征污染物排放达标率*		100%
	废物收集系统		具备
	废物集中处理处置设施		具备
	环境管理制度		完善
园区管理	工艺技术水平		达到同行业国内先进水平
	信息平台的完善度		100%
	园区编写环境报告书情况		1期/年
	周边社区对园区的满意度		≥90%
	职工对生态工业的认知率		≥90%

注：*表示行业特征污染物指除COD、SO_2等常规检测指标外，行业重点控制的污染物。

（四）静脉产业类生态工业园区标准

静脉产业（资源再生利用产业）是以保障环境安全为前提，以节约资源、保护环境为目的，运用先进的技术，将生产和消费过程中产生的废物转化为可重新利用的资源和产品，实现各类废物的再利用和资源化的产业，包括废物转化为再生资源及将再生资源加工为产品两个过程。由此，静脉产业类生态工业园区是指以从事静脉产业生产的企业为主体建设的生态工业园区。与行业类生态工业园区的涵盖范围类似，静脉产业类生态工业园区标准包括经济发展、资源循环与利用、污染控制和园区管理等四方面，而后者评价指标更加细化，偏重于资源循环与利用，如要求废旧家电资源化率高于80%、报废汽车资源化率高于90%等（见表2-4）。

表2-4　　　　　　静脉产业类生态工业园区指标

项目	指标	单位	指标值或要求
经济发展	人均工业增加值	万元/人	≥5
	静脉产业对园区工业增加值的贡献率		≥70%
物质减量与循环	废物处理量	万吨/年	≥3
	废旧家电资源化率*		≥80%
	报废汽车资源化率*		≥90%
	电子废物资源化率*		≥80%
	废旧轮胎资源化率*		≥90%
	废塑料资源化率*		≥70%
	其他废物资源化率*		符合相关规定
污染控制	危险废物安全处置率		100%
	单位工业增加值废水排放量	吨/万元	≤7
	入园企业污染物排放达标率		100%
	废物集中处理处置设施		具备
	集中式污水处理设施		具备
园区管理	园区环境监管制度		具备
	入园企业的废物拆解和生产加工工艺		达到国际同行业先进水平
	园区绿化覆盖率		35%
	信息平台的完善度		100%
	园区旅游观光、参观学习人数	人次/年	≥5000
	园区编写环境报告书情况		一年一期

注：* 为选择性指标，根据各园区废物种类进行选择。

(五) 中国产业园区持续发展评价指标体系

2013年,同济大学发展研究院首次基于中国情况构建了产业园区的发展指数,并构建了一套系统的持续发展评价指标体系,独创性地提出了产业园区"三聚"发展路径,即确定主导产业并吸引核心企业以"聚核"、拓展纵向产业链和横向服务链以"聚链"和打造公共平台并进行体系建设以"聚网"。随着产业园区的发展,该体系也在不断完善,目前较为认可的是蓝皮书中的评价体系[①](2017),见表2-5。

表2-5　　　　　　　　中国可持续发展指标体系

一级指标	二级指标	含义
经济发展	经济实力	园区当年度创造的GDP总量、工业总产值等反映其经济体量的相关指标
	经济增长	园区当年度相关经济实力指标的同比增长情况
创新发展	创新资源	园区内大专院校、科研机构等
	创新平台	园区内国家级工程技术研究中心
	创新成果	园区所拥有的专利授权数
产业合作	企业集聚度	园区内产业相关、分工协作等企业集群的成熟程度
	园区合作状况	园区内部以及园区之间的合作水平、合作强度、分园区数量等
公共服务	区位优势	园区所在地的地理优势、交通状况、国际化区位等
	园区组织结构	园区组织机构(管委会等相关部门)的设置情况
	配套服务机构	园区内检测、认证及相关中介服务等机构的建设

---

① 本书参考的是2017年版的中国产业园区持续发展评价指标体系。

续表

一级指标	二级指标	含义
社会发展	环境保护	园区在环境保护方面的认证或相关政策制定状况
	产城融合	园区周围相关生活设施的配套情况

中国产业园区持续发展评价指标体系不仅针对园区内的企业或产业，而是包括企业、产业、基础设施及社区服务平台等在内的综合性对象。数据来源于对596家国家级产业园区的调查，并结合专家打分法对指标进行权重赋值。

（六）产业园区可持续发展评价指标体系总结对比分析

国家生态工业示范园区评价指标体系、综合类生态园区标准、行业类和静脉行业类生态工业园区标准以及中国产业园区持续发展评价指标体系均包含经济增长、环境保护/污染控制、园区管理和信息公开等几大方面；其数据来源均为各类统计年鉴等官方数据或管理部门的统计数据，权威性较强；指标计算均参考官方文件中的计算方法，有统一的度量衡。但以上各类标准的侧重点不同，如综合类生态工业园区标准、行业类和静脉行业类生态工业园区标准侧重于"物质减量与循环"，对园区的物质闭环循环提出了更高的要求；而行业类标准关注某一行业工业园区生态方面的表现，普适性降低，针对性提高；类似地，静脉行业类标准则更加偏重工业园区的资源再生利用方面的表现，与行业类指标相比更加聚焦；国家生态工业示范园区评价标准除了关注园区的资源节约和循环外，还关注园区的产业共生；中国产业园区持续发展标准则更加综合化，对园区的产业合作和公共服务等也提出了相应的要求（见表2-6）。

表2-6 产业园区可持续发展指标体系对比

	数据来源	模型计算	结果维度
国家生态工业示范园区评价指标体系	城市统计年鉴、环境保护统计年鉴和国家级经济技术开发区综合统计报表、中国火炬统计年鉴等官方数据	每一指标以统计年鉴等官方文件的计算方法为准，根据各自计算公式进行计算，如 人均工业增加值 = $\dfrac{园区工业增加值（万元）}{园区年末从业人员数（人）}$	对生态工业园区的经济发展、产业共生、资源节约、环境保护和信息公开进行评价，作为评价园区是否是生态工业示范园区的标准
综合类生态工业园区标准	从法定统计渠道或统计文件中获取，若无法获取，则需要园区管理机构提供数据	同"国家生态工业示范园区模型计算"	对生态工业园区的经济发展、物质减量与循环、污染控制和园区管理进行评价，以验证园区是否实现了物质闭环循环、能量多级利用和信息反馈
行业类生态工业园区标准	需要进行采样和监测的环境类指标按照国家标准监测方法执行，非环境类指标数据来源于行政管理部门的统计数据	常见指标的计算方法以行政管理部门的计算方法为准，如 单位工业增加值综合能耗（标煤）（吨/万元）= $\dfrac{园区综合能耗总量（标煤）（吨）}{园区工业增加值（万元）}$	对行业类生态工业园区的经济发展、物质减量与循环、污染控制和园区管理进行评价，以对行业类生态工业园区建设的关键环节进行监测
静脉产业类生态工业园区	需要进行采样和监测的环境类指标按照国家标准监测方法执行，非环境类指标数据来源于行政管理部门的统计数据	同"行业类生态工业示范园区模型计算"	对静脉行业类生态工业园区的经济发展、物质减量与循环、污染控制和园区管理进行评价，以对静脉行业类生态工业园区建设的关键环节进行监测
中国产业园区持续发展评价指标体系	以596家国家级产业园区为对象进行数据调查与采集	（1）定性指标通过专家打分进行赋值，将所有指标进行量化；（2）将每一指标数据除以该项指标数据的最大值，进行无纲量化；（3）将单项指标得分按照各自权重加权平均求和，得到综合得分	对产业园区的经济发展、创新发展、产业合作、公共服务和社会发展进行评价，以存量指标衡量园区过去及现有的实力，增量指标衡量园区现在及未来的发展能力

目前国家和地方层面出台的生态工业园区标准均有自身的侧重点，评价指标完善度不足，如关于园区经济类数据的评价，大多以工业增加值增长率或人均工业增加值增长率来代替，评价标准较为宽泛；另外，没有很好地平衡好普适性和针对性间的关系，像行业类和静脉行业类标准中的园区管理这一指标仅关注到了园区本身的制度建设、信息平台完善度等，忽略了周边社区和居民满意度等体现园区服务水平的指标。因此，本书拟构建的这套园区可持续发展评价指标体系将兼顾普适性和针对性，涉及经济、环境和社会三个维度，分别包含产业和创新可持续性评价、生态和资源可持续性评价、管理和服务可持续性评价。同时，将指标划分为收益型和成本型指标，即正向指标和负向指标，评分情况更加清晰明了。

第三节 可持续发展评价方法

一、层次分析法

（一）方法介绍

层次分析法（Analytic Hierarchy Process，AHP），是由美国运筹学家萨蒂（Satty）于20世纪70年代应用网络系统理论和多目标综合评价方法，提出的一种层次权重决策分析方法。AHP方法的原理是将一个复杂的多目标决策问题作为一个系统，根据问题的性质和要达成的总目标，将问题分解为不同的组成因素，并且按照因素之间的相互关联影响和隶属关系将因素按照不同层次聚集组合，形成一个多层次的分析结构模型，从而使得问题归结为最底层（供决策的方案、措施等）相对于最高层（总目标）的相对重要权值的确定或相对优劣次序的排定。

AHP分析法大体上分为4个步骤：首先构建层次结构模型，其次构造判断矩阵，再次层次单排序和一致性检验，最后对整个体系进行层次总排序和一致性检验。

1. 构建层次结构模型

首先将决策的目标、考虑的因素和决策的对象按照它们之间的相互关系分为目标层、准则层、指标层。其中，目标层是最高层，描述的是决策的目的或是要解决的问题，例如工业园区的可持续发展水平评价；准则层是中间层，刻画了为实现目标需要考虑的因素或是决策的准则，例如将工业园区的可持续发展水平评价分成经济、环境和社会等不同准则维度；指标层，也称因素层、方案层，是最低的一个层次，刻画了决策时可供选择的备选方案，例如在园区的经济效益可持续维度，可以对产业可持续性、创新可持续性等从不同侧面刻画工业园区可持续发展水平。

层次分析法所要解决的问题，就是指标层对于目标层的权重问题。因此，有必要对指标层的各种方案进行排序，从而在不同的方案中做出选择或形成选择方案的原则。

2. 构造判断矩阵

在确定各个层次因素之间的权重时，如果只是定性判定，则常常不容易被人接受，因此萨蒂等提出了一致矩阵法：不把所有因素放在一起比较，而是两两相互比较，相互比较时采用相对尺度，以尽可能减少性质不同因素之间相互比较的难度，从而提高准确度。

例如，对于某一准则，对其下的各个方案进行两两对比，并按照其重要性程度判定等级。a_{ij}为要素i与要素j的重要性比较结果，按照萨蒂给出的比例标度表中列示的重要性等级赋值方法，按照两两比较的结果构成 n 阶判断矩阵，判断矩阵具有如下性质：

$$a_{ij} = \frac{1}{a_{ji}}; \quad i, j = 1, 2, 3, \cdots, n$$

这一过程要有主要决策层参与，构造的对比矩阵应该由经验丰富、判断力强的专家给出。

3. 层次单排序和一致性检验

对应于判断矩阵最大特征根 λ 的特征向量，经过归一化（使向量各元素之和等于 1）后记为矩阵 W，这一过程被称为"层次单排序"，此时得到的 W 为同一层次因素对于上一层次因素相对重要性的排序权值。

能否确认层次单排序，需要运用一致性指标 CI 和随机一致性指标 RI 构造检验系数 CR，进行一致性检验。

$$CI = \frac{\lambda - n}{n - 1}$$

$$CR = \frac{CI}{RI}$$

一般而言，CR < 0.1 时，认为判断矩阵通过了一致性检验。

4. 层次总排序和一致性检验

计算某一层次所有元素对于目标层的相对重要性的权值，即可得到层次总排序。这一过程从最高层次向最低层次依次进行，最后同样要对层次总排序进行一致性检验。

（二）优缺点

AHP 属性偏好使用的是缺少比较基准零点的相对判断。AHP 的优点为：（1）将研究对象作为一个系统，围绕价值优劣进行判断，按照分解、比较判断、综合的思维方式进行决策，更加符合实际；（2）将定性方法和定量方法结合起来，运算过程简洁。但其缺点在于:(1)确定指标权重时主观性较大;(2)指标过多时,权重难以确定。

二、数据包络分析法

(一)方法介绍

数据包络分析(Data Envelopment Analysis,DEA),是由三位著名运筹学家沙尔内(Charnes)、库珀(Cooper)和罗德斯(Rhodes)在1978年提出的,是一种对若干具有多投入和多产出的同类决策单元(Decision Making Unit,DMU)进行相对效率评价的一种方法。DEA的原理是,通过保持决策单元的输入或输出不变,借助数学规划和统计数据确定相对有效的生产前沿面,将各个决策单元投影到DEA的生产前沿面上,并通过比较决策单元偏离生产前沿面的程度来评价它们的相对有效性。

DEA方法的基本模型有CCR模型和BCC模型两种,前者基于规模报酬不变的假设进行计算,后者则根据规模报酬可变的假设进行计算。具体方法如下:

假设系统中有 n 个决策单元——DMU_j (j = 1,2,…,n),DMU_j 共有 m 项投入指标 X_j 和 s 项产出指标 Y_s,引入投入、产出的变权重向量 U 和 V 对投入向量和产出向量进行加权,加权意义下的产出—投入比即为决策单元 j 的效率评价值 h_j。

$$h_j = \frac{\sum_{r=1}^{s} u_r y_{rj}}{\sum_{i=1}^{m} v_i x_{ij}}; v_i, u_r \geq 0$$

其中,

$$X_j = (x_{1j}, x_{2j}, \cdots, x_{mj})^T \quad j = 1, 2, \cdots, n$$
$$Y_j = (y_{1j}, y_{2j}, \cdots, y_{sj})^T \quad j = 1, 2, \cdots, n$$
$$U = (u_1, u_2, \cdots, u_s)^T$$
$$V = (v_1, v_2, \cdots, v_m)^T$$

通过计算适当的权重向量 V 和 U 的值，使得对于每个 j，均能够满足 $h_j \leq 1$。

接下来，就可以对某第 j_0 个决策单元进行绩效评价。以第 j_0 个决策单元的效率指数为目标，以其他所有的待评价决策单元的效率指数为约束，建立 BCC 模型如下。

$$V_{(\varepsilon)} = \min[\theta - \varepsilon(e^- S^- + e^+ S^+)]$$

$$s.t. \begin{cases} \sum_{j=1}^{n} X_j \lambda_j + S^- = \theta X_0 \\ \sum_{j=1}^{n} Y_j \lambda_j - S^+ = Y_0 \\ \sum_{j=1}^{n} \lambda_j = 1 \\ \lambda_j \geq 0; j = 1, 2, \cdots, n \\ S^+ = (s_1^+, s_2^+, \cdots, s_s^+)^T \geq 0, S^- = (s_1^-, s_2^-, \cdots, s_m^-)^T \geq 0 \end{cases}$$

上述模型运算得到的 θ 即为第 j_0 个决策单元的效率评价值。

其中，ε 为阿基米德无穷小量，e^- 和 e^+ 分别为 m 维和 s 维的单位向量，S^+ 和 S^- 分别为松弛变量和剩余变量，X_0 和 Y_0 分别为第 j_0 个决策单元的投入向量和产出向量。

（二）优缺点

DEA 尤其适用于多输入、多输出的综合有效性评价问题，在处理多输入、多输出的有效性评价方面具有很大优势；同时，运用 DEA 方法进行评价时，无须提前作出任何权重假设，而是以决策单元输入输出的实际数据来求得最优权重，排除了主观因素的影响，具有很强的客观性。

然而，DEA分析方法也有一定的局限性。其一，DEA分析方法是一种相对效率评价方法，如果所有被评价的单元都是差的，那么最终评价结果也是1，因此评价结果可能受样本选择的影响较大；其二，DEA分析方法要遵循"拇指法则"，即决策单元的个数至少要为评价指标个数的2倍，这也就是要求评价单元的数目尽可能多，以提高DEA模型对"好坏"的区分度。

三、TOPSIS法

（一）方法介绍

TOPSIS法（Technique for Order Preference by Similarity to an Ideal Solution）于1981年首次提出，TOPSIS法根据有限个评价对象与理想化目标的接近程度进行排序的方法，是在现有的对象中进行相对优劣的评价。TOPSIS法是一种逼近于理想解的排序法，该方法只要求各效用函数具有单调递增（或递减）性就行。TOPSIS法是多目标决策分析中一种常用的有效方法，又称为优劣解距离法。TOPSIS法是一种理想目标相似性的顺序选优技术，在多目标决策分析中是一种非常有效的方法。通过归一化后的数据规范化矩阵，找出多个目标中最优目标和最劣目标，分别计算各评价目标与理想解和反理想解的距离，获得各目标与理想解的贴近度，按理想解贴近度的大小排序，以此作为评价目标优劣的依据。贴近度取值在0~1之间，该值越接近1，表示相应的评价目标越接近最优水平；反之，越接近0，表示评价目标越接近最劣水平。

遇到多目标最优化问题时，通常有 m 个评价目标 D_1，D_2，…，D_m，每个目标有 n 个评价指标 X_1，X_2，…，X_n。首先要邀请专家对评价指标进行打分，然后将打分结果表示成数学矩阵形式，建立如下特征矩阵：

$$D = \begin{bmatrix} x_{11} & \cdots & x_{1jn} \\ \vdots & \ddots & \vdots \\ x_{m1} & \cdots & x_{mn} \end{bmatrix} = \begin{bmatrix} D_1(X_1) \\ \vdots \\ D_m(X_n) \end{bmatrix} = \begin{bmatrix} X_1(x_1) & \cdots & X_n(x_m) \end{bmatrix}$$

对特征矩阵进行规范化处理，得到规范化向量，建立关于规范化向量的规范化矩阵。

$$r_{ij} = \frac{x_{ij}}{\sqrt{\sum_{i=1}^{m} x_{ij}^2}}$$

$i = 1, 2, \cdots, m$；$j = 1, 2, \cdots, n$

通过计算权重规格化值，建立关于权重规范化值的权重规范化矩阵。

$$v_{ij} = w_j r_{ij}；i = 1, 2, \cdots, m；j = 1, 2, \cdots, n$$

根据权重规格化值来确定理想解和反理想解。

$$A^* = (\max_i v_{ij} | j \in J_1), (\min_i v_{ij} | j \in J_2)$$
$$| i = 1, 2, \cdots, m = v_1^*, v_2^*, \cdots, v_n^*$$
$$A^- = (\min_i v_{ij} | j \in J_1), (\max_i v_{ij} | j \in J_2)$$
$$| i = 1, 2, \cdots, m = v_1^-, v_2^-, \cdots, v_n^-$$

计算距离尺度，即计算每个目标到理想解和反理想解的距离，距离尺度可以通过 n 维欧氏距离来计算。目标到理想解的距离为 S^*，到反理想解的距离为 S^-。

$$S^* = \sqrt{\sum_{j=1}^{n} (V_{ij} - v_j^*)^2}$$

$$S^- = \sqrt{\sum_{j=1}^{n} (V_{ij} - v_j^-)^2}$$

$$i = 1, 2, \cdots, m$$

计算理想解的贴近度。

$$C_i^* = \frac{S_i^-}{(S_i^* + S_i^-)}; \ i = 1, 2, \cdots, m$$

最终，根据理想解的贴近度大小进行排序，排序结果贴近度值越大，说明目标越优。

（二）优缺点

TOPSIS 有如下优点：（1）对数据分布和样本容量没有严格限制，运算过程较为简单；（2）可以充分利用原始数据的信息，精确地刻画各个影响指标的综合影响力度。但也存在缺陷，如：（1）要求每个指标都有数据支撑；（2）不适用于单个研究对象的研究，有两个以上研究对象才可以使用此方法；（3）指标的选取个数没有固定的标准，需要多次尝试来确定最优数量。

四、模糊层次分析法

（一）方法介绍

模糊层次分析法是层次分析法和模糊评价法的结合，是一种对问题进行综合性评价的方法。进行模糊综合评价时，使用层次分析法对各个因素进行权重赋值，得到的结果是矢量，包含的信息较为丰富。其步骤和萨蒂提出的 AHP 步骤基本一致，仅有两点不同。(1) 在 AHP 中通过元素的两两比较构造判断矩阵，而在模糊 AHP 中通过元素的两两比较构造模糊一致判断矩阵。(2) 由模糊一致判断矩阵求表示两个元素的相对重要性的权重的方法和由判断矩阵求权重的方法有所不同。

（二）优缺点

模糊层次分析法可以：（1）通过精确的数字手段处理模糊的评价对象，可以得到较为科学、合理和实际的结果；（2）得到的结果是一个矢量，而非点值，包含的信息较为丰富。而其缺点在于：（1）运算复杂，对计算能力要求较高；（2）指标权重的确定主观性较强；（3）当指标过多时会出现超模糊现象，无法区分不同变量之间的影响。

五、专家打分法

（一）方法介绍

专家打分法，即德尔菲法，最早出现于 20 世纪 50 年代末，是当时美国为了预测在其"遭受原子弹轰炸后可能出现的结果"而发明的一种方法。德尔菲是古希腊地名，相传太阳神阿波罗（Apollo）在德尔菲杀死了一条巨蟒，成了德尔菲的主人。传说阿波罗对未来有很高的预见能力，因此德尔菲的阿波罗神殿也被认为是一个预卜未来的神谕之地，于是人们就借用此名，作为这种预测方法的名字。1964 年美国兰德（Rand）公司的赫尔默（Helmer）和戈登（Gordon）发表了"长远预测研究报告"，首次将德尔菲法用于技术预测中。之后，德尔菲法的应用得到了迅速推广。作为一种主观、定性的方法，德尔菲法在科研评价工作中也有广泛的应用。德尔菲法可以用于科研计划、研究项目和科研成果等的评价，也可以用于各种评价指标体系指标权重的设置。例如，中国社会科学院1999年开始应用的"社科成果评估指标体系"就是应用德尔菲法请社会科学院近200名专家经过三轮咨询确定的。

德尔菲法是集中专家意见和智慧的一种方法，所以实施德尔菲法首先要确定专家组的人选。按照课题设计的知识领域选择、确定专家。专家人数的多少，可根据课题涉及面的大小而定，一般不超过20人。在确定专家组后，一般要进行四轮专家调查咨询。

第一轮：(1)向专家寄出评价对象的有关资料，提出具体的评价问题，请专家做书面答复，并附上必要的背景材料供专家参考。(2)各专家根据他们所收到的材料，提出自己的评价意见，并说明作出判断的理由。(3)组织者对各位专家的第一次判断意见进行汇总整理，列成图表做比较分析。对于专家作出的数值判断，应该总结这些判断的上下四分位数和中位数。对各位专家的意见加以整理后，将结果和第二轮调查表再分发给各位专家。

第二轮：(1)专家在参考其他专家的判断和看法后，在此基础上再次作出自己的判断，填写第二轮调查表。(2)组织者将所有专家的修改意见收集、汇总，再次总结计算各个评价值的中位数和上下四分点，并总结判断值在上下四分位点以外的专家给出的理由，将总结结果和第三轮调查表分发给各位专家。

第三轮：(1)专家参考第二轮的结果，对上下四分点外的对立意见作一个评价；给出自己新的评价；评价值仍然在上下四分点外的专家，应重述自己的理由；观点改变的专家，也应该说明理由。(2)组织者收集汇总专家意见，再次统计中位数和上下四分数，并总结专家观点形成第四张调查表。

第四轮：(1)专家填写第四张调查表，再次对问题作出评价和判断。(2)调查表返回后，组织者统计每个事件的中位数和上下四分点，归纳总结各种意见。

逐轮收集意见并为专家反馈信息是德尔菲法的主要环节。在向专家进行反馈的时候，只给出各种意见，但并不说明发表各种意见的专家的具体姓名。这一过程重复进行，直到每一个专家不再改变自己的意见为止。一般来说，经过四轮调查后，专家意见会趋向收敛。并不是所有调查都要经过四轮。可能有的调查在第二轮就达到统一，这样第三、四轮就没有必要进行了。如果在第四轮结束后，专家意见仍然没有达成一致，也可以用中位数和上下四分点来作结论。

德尔菲法的提出是为了克服一般的专家讨论中存在的屈从于权威或盲目服从的缺陷。它是一种背靠背地征询专家意见的调研方法，采用匿名发表意见的方式，针对特定问题采用多轮专家调查，专家之间不得互相讨论，不发生横向联系，只能与调查人员发生关系，通过多轮次调查专家对问卷所提问题的看法，经过反复征询、反馈、修改和归纳，最后汇总成专家基本一致的看法，作为专家调查的结果。德尔菲法可以有效地消除成员间的相互影响，可以充分发挥专家们的智慧、知识和经验，最后能得出一个较好反映群体意志的判断结果。

德尔菲法有如下三个特点：

第一，匿名性。在德尔菲法的实施过程中，专家们彼此互不知道其他有哪些人参加预测，他们是在完全匿名的情况下交流思想的，即所谓的"背靠背"的方式。这样既不会受权威的意见的影响，也不会使应答者在改变自己意见时顾虑是否会影响自己的威信，各种不同论点都可以得到充分的发表。

第二，反馈性。专家从反馈回来的问题调查表上了解到其他专家的判断意见，以及专家们对特定观点同意或反对的理由，在参考他人看法后各自作出新的判断。这样反复多轮之后，专家们考虑问题的角度就会比较全面，判断值趋于收敛，意见逐渐一致。

第三，统计性。在技术预测的应用中，德尔菲法采用统计方法对专家意见进行处理，其结果往往以概率的形式出现。在科研评价的应用中，也常常需要请专家对某些指标进行定量评分，并统计计算专家打分数值的中位数和上下四分位数，以反映专家意见的集中和离散程度。

（二）优缺点

专家打分法的优点：（1）能够充分发挥专家的作用，集思广益，准确性高。（2）简便。直接根据具体评价对象，确定恰当的评价项目，并制定评价标准和等级。同时，计算方法简单，将所有专家的意见进行汇总，不需要进行复杂的运算。（3）适用性广。能够同时考虑定量计算评价项目和定性计算评价项目。缺点在于主观性强，尽管组织多名行业专家进行重要性评价，但仍不能排除专家较强的主观意志，个人的偏好会影响总体的权重分布。

六、方法总结对比分析

层次分析法以及由此演变而来的模糊层次分析法、数据包络分析法、TOPSIS法和专家打分法都是20世纪60~80年代间被设计出来的经典方法，都是为了解决较为复杂的宏观问题，但其流程和适用性又各自不同。层次分析法采用层层分解的思路，将复杂的大问题拆解为可量化评价的小问题，并且结合定性和定量方法，更加符合实际，但指标过多时，会出现难以确定权重的情况。数据包络法对原始数据的包容度较高，无须进行数据处理和赋予权重，但这也决定了其对数据质量要求较高，仅适合分析较为平稳的数据集，对于有异常值的数据则分析能力不足。TOPSIS法与数据包络法类似，对原始数据的包容度较高，可以充分利用原始数据的信息，但该方法不适合分析单个对象的问题，适用于分析具有多个对象的复杂问题。模糊层次分析法则是层次分析法的延伸，与层次分析法相比，其得到的结果包含的信息更为丰富，但同时其运算过程更为复杂，对计算能力要求较高，而且当指标过多时会出现超模糊现象，导致无法辨别各个变量的影响。专家打分法充分发挥行业专家的智慧和作用，更加符合实际，但其最大的不足在于作为个体的专家偏好和主观意见的不可避免性。

可持续发展评价因时期而异，因行业而异。不同经济发展阶段的评价指标有所不同，同时由于行业的异质性，不太可能有一套统一的可持续发展评价体系，因此，对于可持续发展尚没有形成普适性较强的评价指标体系。考虑到工业园区这一主体的特殊性，并综合以上五种方法的优缺点（见表2-7），不采用多变量输出的数据包络法、用于排序的TOPSIS法以及运算复杂的模糊层次分析法，而选择互补的层次分析法和专家打分法。专家打分法使层次分析法所涉及的因素更为实际，并扩展了评价思路，而层次分析法弥补了专家打分法过于主观的缺点，使分析结果更加客观，对工业园区的可持续评价最终采用"专家打分法+层次分析法"的综合评价方法。

表2-7　可持续发展评价体系的典型方法的优缺点对比及适用性说明

典型方法	优点	缺点	适用性
层次分析法	（1）将研究对象作为一个系统，围绕价值优劣进行判断，按照分解、比较判断、综合的思维方式进行决策，更加符合实际；（2）将定性方法和定量方法结合起来，运算过程简洁	（1）确定指标权重时主观性较大；（2）指标过多时，权重难以确定	将复杂的可持续发展评价问题转化为多层次单目标问题，适用于指标体系的构建

续表

典型方法	优点	缺点	适用性
数据包络分析法	（1）在建立模型之前不需要对数据进行量纲化处理；（2）无须任何指标权重假设	（1）仅适用于在同一类别和情境下做对比；（2）对异常值较为敏感，对数据质量要求较高；（3）只能得出宏观的结果，不能为具体的政策意见提供参考	适用于多输出、多输入的有效性综合评价问题，如构建国家竞争力、可持续发展指标体系
TOPSIS法	（1）对数据分布和样本容量没有严格限制，运算过程较为简单；（2）可以充分利用原始数据的信息，精确地刻画各个影响指标的综合影响力度	（1）要求每个指标都有数据支撑；（2）不适用于单个研究对象的研究，有两个以上研究对象才可以使用此方法；（3）指标的选取个数没有固定的标准，需要多次尝试来确定最优数量	适用于具有多组评价对象的排序问题
模糊层次分析法	（1）通过精确的数字手段处理模糊的评价对象，可以得到较为科学、合理和实际的结果；（2）得到的结果是一个矢量，而非点值，包含的信息较为丰富	（1）运算复杂，对计算能力要求较高；（2）指标权重的确定主观性较强；（3）当指标过多时会出现超模糊现象，无法区分不同变量之间的影响	适用于解决模糊的、非量化的、非确定性的问题
专家打分法	（1）能够充分发挥专家的作用，集思广益；（2）流程简便，而且计算简单；（3）将定性和定量方法进行结合，更加符合实际	主观性较强，个人偏好影响总体权重分布	作为一种主观、定性的方法，不仅可以用于预测领域，而且可以广泛应用于各种评价指标体系的建立和具体指标的确定过程

第三章 工业园区经济可持续发展

第一节 工业园区经济可持续发展影响因素分析

自 20 世纪 80 年代开始,产业园区在世界上发展迅速,已成为经济发展的重要空间载体。经过近 40 年的发展,已经呈现出涉及不同产业层次、覆盖经济领域广泛、多种类型互为补充的发展态势。园区产业结构和空间布局不断优化,在追求合理化和高端化目标的过程中取得了一定的成效。在高速现代化发展的同时,产业园区为我国的经济发展做出了突出贡献,经济功能是工业园最主要的功能,研究工业园的经济可持续是非常重要的。

一、产业可持续性

工业园区是我国经济发展的重要载体,每年的工业增加值占国内生产总值的比重高达 70%,一个地区发展好不好关键要看有没有产业支撑,而产业发展的好不好关键看园区,因为园区是产业集群之地,就拿苏州工业园来说,2019 年,苏州工业园区生产总值为

2743亿元，城镇居民人均可支配收入为7.7万元，整个苏州的GDP是1.93万亿元，城镇居民人均可支配收入是6.86万元，也就是说，苏州工业园区占整个苏州超过14%的生产总值[①]，人均收入也远超苏州平均值，可见，实现工业园区经济可持续发展首先要推进工业园区产业可持续发展。

中国的产业园区经过政府主导的工业园区、政府与民营企业共同搭台唱戏的产业园区、到当前政、产、学、研、用融合的、市场化主导的产城融合的产业新城区阶段，市场化竞争与发展迎来了爆发增长期，任何一时期的产业形态、产业组织方式均有其适应经济发展阶段和产业经济可持续发展要求的内涵特质的内在驱动要素，在如今市场主导的产业发展新时期，市场竞争非常激烈，工业是全球的竞争行业，保持园区的产业竞争力是实现园区可持续发展的第一步。经过40年的发展，我国多数开发区已经形成了明确的主导产业和优势产业集群，支柱产业是工业园发展的主导产业，有了特定的主导产业，才能围绕特定产业组织产业链、搭建技术平台，精准高效地组织优质的园区运营资源，与上下游相关产业和配套产业融合、集聚发展，引进、整合和强力发展支柱产业能够带动其他相关产业的发展，因此，支柱产业的发展对提升园区的产业竞争力有着重要的影响，我们把支柱产业的发展程度纳入影响园区产业竞争力发展的影响因素；但主导产业发展态势只是影响园区产业竞争力的一环，一个具有产业竞争力的园区不仅要有强势的主导产业，也要有强劲的综合实力，我们把园区的综合实力也纳入影响园区产业竞争力发展的影响因素。

此外，工业园区的可持续发展还要求其产业是可持续发展的，即工业园的产业竞争力可以长期维持。实现园区产业的持续发展首先就是要实现园区内企业的存活，发达国家早就完成了工业化，累

[①] 资料来源：苏州工业园区官网统计数据；苏州市统计局。

积了大量行业知识、研发技术等，形成了正规化、集团化的品牌。中国与之相比，还落后很多，尤其是中小企业企业，用工成本增加使得企业支出增加，随着行业竞争的影响，行业内部的竞争越来越严峻，生存问题成为企业，尤其是中小企业的一大问题。企业存活是其持续发展的前提，实现经济可持续发展，首先要实现园区内大部分企业的存活；在园区企业存活的基础上，还要能够实现园区经济的持续增长，即园区的工业增加值持续增长，园区的财政收入持续增长，实现产业的可持续性发展。

二、创新可持续性

工业园区的繁荣发展基于产业动能，而产业动能在于创新，创新是企业获得市场竞争力的源泉，企业只有通过不断的创新才能降低企业的经营成本，才能不断开发出新产品满足市场需求。工业园区的发展从改革开放之初的蛇口工业区起步，其发展路径从20世纪80年代开始，以"三来一补"的模式到90年代形成以苏州工业园为典型的制造业园区，再到21世纪诞生了以中关村、清华科技城、华夏幸福产业新城为代表的科技驱动型园区。2017年2月6日，国务院正式对外印发了《国务院办公厅关于促进开发区改革和创新发展的若干意见》，为开发区改革创新提了23条要求（简称"开发区23条"），这是指导未来全国各地开发区发展的里程碑式文件。"开发区23条"明确了当前和今后一段时期开发区发展的总体要求：贯彻落实创新、协调、绿色、开放、共享的新发展理念，加强对各类开发区的统筹规划，加快开发区转型升级，促进开发区体制机制创新，完善开发区管理制度和政策体系，进一步增强开发区功能优势，从国家层面对创新的重要性和具体要求做出了说明，国家致力于打造创新型园区，实现园区产业高端化、品质化。可见，创新对园区经济可持续发展是具有重要意义的。

那么又有哪些因素影响着创新的可持续性发展呢？首先，研究与开发（Research & Development，R&D）活动是区域内的重要创新源泉，创新需要大量的投资，张宗益等（2006）使用随机前沿方法SFA研究我国31个省份区域的创新效率，研究发现R&D经费支出与创新产出呈现正相关作用，张宗和等（2009）通过改进格瑞里茨和杰菲的知识生产函数模型，采用面板数据实证分析影响技术创新能力因素，也发现R&D经费支出对技术创新有重要的影响，国家和园区自身都会对研究与开发进行投资，国家会建设创新平台，而企业会对R&D进行特定投资，因此，我们将国家和企业投资归类为能够影响园区创新可持续发展的因素。然而，仅仅有对创新的投入支持是不够的，企业还要有创新的能力，即在投资的基础上还要能够切实地转化出成果，因此，我们将企业创新实际转化成果归类为又一影响创新可持续发展的因素。

此外，随着可持续发展理念的不断深入人心，创新的可持续性作为经济可持续发展的一部分被赋予更丰富的内涵，"负责任创新"的概念应运而生，"负责任创新"提倡在开展技术创新的同时，要求企业、高校、政府等利益相关者积极保护生态环境、履行社会责任，以保证技术创新成果的社会可接受性，从而促进生态工业园区的可持续发展（梅亮等，2018；熊国保等，2021）。利用高新科技来改善已有的产业模式已成为必然趋势。在"十三五"时期，已有诸多园区突破了第四代园区，逐步进入创新突破阶段。开启"十四五"新发展阶段之后，作为产业核心驱动力和承载平台的战略性新兴产业以及高新技术企业，更是肩负着启蒙、引导、实践之重任，未来，高技术企业、创新性产业的实际工业产值将成为影响园区创新可持续发展的重要因素。

第二节　工业园区经济可持续发展能力评估

一、产业可持续性指标

影响产业可持续发展的因素主要分为两类，第一类是影响园区产业竞争力的因素，主要有主导产业的贡献程度、园区的综合实力；第二类是影响园区持续发展的因素，主要有园区的工业增加值增长情况、园区的财政收入增长情况、园区的存活情况。

首先讨论园区产业竞争力影响因素的指标选取。在衡量园区主导产业贡献方面，国家环保总局2006年发布的《静脉产业类生态园区标准》提出了静脉产业对园区工业增加值的贡献率这个指标，根据指标的综合性和普适性原则，本书将以支柱产业经济贡献率来衡量园区主导产业贡献。此外，根据《国务院办公厅关于完善国家级经济技术开发区考核制度促进创新驱动发展的指导意见》和《国家级经济技术开发区综合发展水平考核评价办法》，商务部从2016年开始，每年组织开展国家级经开区综合发展水平考核评价工作，我们采用此排名来衡量园区综合发展水平。

其次讨论园区产业持续发展影响因素的指标选取（见表3-1）。在衡量园区工业产值情况方面，由环境保护部制订的《2015国家生态工业示范园区标准》采用人均工业增加值、园区工业增加值三年年均增长率这两个指标；《行业类生态工业园区标准》采用工业增加值增长率；《静脉产业类生态工业园区标准》则提出了人均工业增加值和静脉产业对园区工业增加值的贡献率两个指标。综合这几个工业园可持续评价标准来看,在衡量园区内工业产值增加情况时,有人均工业增加值、园区工业增加值三年年均增长率、工业增加值增长率,根据指标的实用性和科学性原则综合考虑,我们采用人均工业增加值增长率这个指标。在衡量园区的财政贡献方面,采用园区财政收入增长率指标。在衡量园区可持续能力情况时,根据指标的可得性,我们采用园区三年期企业存活率指标。

表 3-1　　　　　　　产业可持续性评价指标评选

影响因素	工业园可持续评价标准	提出指标	选择指标
主导产业贡献程度	《静脉产业类生态园区标准》	静脉产业对园区工业增加值的贡献率	主导产业工业增加值占比
园区综合实力	《国家级经济技术开发区综合发展水平考核评价办法》	开发区上年度综合排名	园区上年度综合排名
园区的存活情况	《自贸区卓越指数》	三年期企业存活率	园区三年期企业存活率
园区的工业增加值增长情况	《2015 国家生态工业示范园区标准》	人均工业增加值、园区工业增加值三年年均增长率	人均工业增加值增长率
	《行业类生态工业园区标准》	工业增加值增长率	
	《静脉产业类生态工业园区标准》	人均工业增加值、静脉产业对园区工业增加值的贡献率	
园区的财政收入增长情况			园区财政收入增长率

综上所述,我们用园区三年期企业存活率来衡量园区内企业的存活情况;用人均工业增加值增长率来衡量园区内工业产值增加情况;用主导产业工业增加值占比来衡量支柱产业的经济贡献情况;用园区财政收入增长率来衡量园区的财政收入情况;用园区上年度综合排名来衡量园区综合发展水平。

二、创新可持续性指标

影响创新可持续发展的因素主要有对创新的投入情况、创新成果的实际产出情况以及创新产业、企业对园区经济的贡献。

在衡量创新驱动的投入及产出情况时,中国国际经济交流中心、美国哥伦比亚大学地球研究院和阿里研究院(2020)联合出版了可持续发展蓝皮书(《中国可持续发展评价报告》)提出的中国可持续发展指标体系(CSDIS)采用科技进步贡献率、研究与试验发展经费支出占GDP比例、万人口有效发明专利拥有量等指标表示;同济大学研究院提出的可持续发展评价体系(2017)也用三部分来进行创新可持续性的衡量,第一部分是创新资源指标,即园区内大专院校、科研机构等数量,第二部分是创新平台指标,即园区内国家级工程技术研究中心数量,第三部分是创新成果,即园区所拥有的专利授权数。综合这两个指标体系来看,在对创新的投入情况进行测评时,我们可以采取研究与试验发展经费占GDP比例以及园区内大专院校、科研机构等数量,国家级工程技术研究中心数量等指标,考虑到指标的科学性、实用性与综合性原则,我们最终采用园区国家级创新平台数量以及R&D经费支出占营业收入比重来衡量国家及企业对创新的投入水平;比较万人口有效发明专利拥有量和园区所拥有的专利授权数两个指标,根据指标的实用性原则,我们选择园区企业获得发明专利数来衡量创新成果的实际产出应用情况。此外,从"负责任创新"视角出发,我们也要衡量创新产业、企业对园区经济的贡献,国家级高新技术企业和战略性新兴产业能够改善已有产业模式,代表着当今世界科学技术发展前沿,具有广大市场前景、经济效益和产业带动作用,且随着新的科研成果和新技术的发明,用应运而生的行业来代表创新产业、企业最合适不过，因此，我们用国家级高新技术企业工业增加值占比、战略性新兴产业工业增加值占比来衡量创新产业、企业对经济的贡献。

综上所述，我们用园区国家级创新平台数量以及 R&D 经费支出占营业收入比重来衡量国家对创新的投入水平；用园区企业获得发明专利数来衡量创新成果的实际产出应用情况；用国家级高新技术企业工业增加值占比、战略性新兴产业工业增加值占比来衡量创新产业、企业对经济的贡献。

三、经济可持续发展能力评估

（一）经济可持续性评价指标体系

从产业可持续和创新可持续两个维度共计 10 个指标来衡量工业园经济可持续发展水平。其中，衡量产业可持续性的指标有 5 个，分别是人均工业增加值增长率、主导产业工业增加值占比、园区财政收入增长率、园区上年度综合排名和园区三年期企业存活率；衡量创新可持续性的指标有 5 个，分别是园区国家级创新平台数量、R&D 经费支出占营业收入比重、园区企业获得发明专利数、国家级高新技术企业工业增加值占比以及战略性新兴产业工业增加值占比（见表 3-2）。

表 3-2　　　　　　　经济可持续性评价指标

目标层	元素层	指标	指标性质
经济可持续性	产业可持续性	人均工业增加值增长率	收益型（正向指标）
		主导产业工业增加值占比	收益型（正向指标）
		园区财政收入增长率	收益型（正向指标）

续表

目标层	元素层	指标	指标性质
经济可持续性	产业可持续性	园区上年度综合排名	收益型（正向指标）
		园区三年期企业存活率	收益型（正向指标）
	创新可持续性	园区国家级创新平台数量	收益型（正向指标）
		R&D经费支出占营业收入比重	收益型（正向指标）
		园区企业获得发明专利数	收益型（正向指标）
		国家级高新技术企业工业增加值占比	收益型（正向指标）
		战略性新兴产业工业增加值占比	收益型（正向指标）

注：采用专家打分法，对专家组的评价结果进行统计，按照专家意见修改指标认同度均值低于3分的指标，对原始园区评价指标体系进行了一定的修正。

（二）指标权重的确定

由于每个指标的影响程度不尽相同，需要对每个指标赋予相应的权重。按照专家意见，在技术方案运行初期，应采用专家打分法进行权重赋值，并明确相应指标的参考值，以保证数据评价的一致性与稳定性；在评价管理平台运营进入成熟期后，样本数据范围稳定，数据质量可控的前提下，可进一步考虑运用组合赋权法来进一步完善。

1. 专家打分法简介

专家打分法，是指通过匿名方式征询有关专家的意见，对专家意见进行统计、处理、分析和归纳，客观地综合多数专家经验与主观判断，对大量难以采用技术方法进行定量分析的因素做出合理估算，是主观赋权法的一种典型方法。本研究通过专家打分法进行赋权主要分为以下四个步骤。

（1）构造判断矩阵。

请有关专家分别将同一层次的各个指标与其他指标的相对重要程度进行两两比较，然后对这些指标的相对重要程度，利用一定的评分标准进行量化,从而得到各个指标相对于其他指标的重要性程度。

例如,对某一层次的准则,对其下的各个方案进行两两对比,并按照其重要性程度判定等级。a_{ij} 为要素 i 与要素 j 重要性比较结果,按照 Satty 给出的比例标度表中列示的重要性等级赋值方法,按照两两比较的结果构成 n 阶判断矩阵,判断矩阵具有如下性质:

$$a_{ij} = \frac{1}{a_{ji}}, \ (i = 1, 2, 3, \cdots, n)$$

(2) 层次单排序和一致性检验。

对应于判断矩阵最大特征根 λ 的特征向量,经过归一化(使向量各元素之和等于1)后记为矩阵 W,这一过程被称为"层次单排序",此时得到的 W 为同一层次因素对于上一层次因素相对重要性的排序权值。

能否确认层次单排序,需要运用一致性指标 CI 和随机一致性指标 RI 构造检验系数 CR,进行一致性检验,一般而言,当 CR < 0.1 时,即认为判断矩阵通过了一致性检验。

$$CI = \frac{\lambda - n}{n - 1}$$

$$CR = \frac{CI}{RI}$$

(3) 层次总排序和一致性检验。

计算某一层次所有元素对于目标层的相对重要性的权值,即可得到层次总排序。这一过程从最高层次向最低层次依次进行,最后同样要对层次总排序进行一致性检验。

(4) 计算权重。

一般来说,为尽量减少主观因素影响,专家打分法通常会选择 4~6 位专家同时进行权重打分,对几位专家的权重结果进行加权平均,得到最终的权重值。

2. 专家打分确定指标权重

根据上述原理,共邀请 5 位相关领域权威专家进行专家打分,得到最终的权重结果见表3-3。

表3-3　　　　　　经济可持续性专家打分权重

目标层	元素层	指标层	权重	指标性质
经济可持续性	产业可持续性	人均工业增加值增长率	0.12	收益型（正向指标）
		主导产业工业增加值占比	0.14	收益型（正向指标）
		园区财政收入增长率	0.12	收益型（正向指标）
		园区上年度综合排名	0.12	收益型（正向指标）
		园区三年期企业存活率	0.10	收益型（正向指标）
	创新可持续性	园区国家级创新平台数量	0.12	收益型（正向指标）
		R&D经费支出占营业收入比重	0.03	收益型（正向指标）
		园区企业获得发明专利数	0.06	收益型（正向指标）
		国家级高新技术企业工业增加值占比	0.10	收益型（正向指标）
		战略性新兴产业工业增加值占比	0.09	收益型（正向指标）

3. 工业园区经济可持续发展指数计算

根据下述公式计算出工业园区经济可持续发展指数Z。工业园区经济可持续发展指数的值越大，代表该园区的可持续发展能力越强。

$$Z = 100 \times \left(\sum_{i=1}^{p} W_i \times \frac{X_i - \overline{X_i}}{\overline{X_i}} + \sum_{j=1}^{q} W_j \times \frac{\overline{X_j} - X_j}{\overline{X_j}} \right)$$

式中：

i——正向指标；

j——负向指标；

p——正向指标个数；

q——负向指标个数；

W——评价指标权重；

X——评价指标值；

$\overline{X}$——评价指标基准值（参考第六章）。

第四章 工业园区环境可持续发展

第一节 工业园区环境可持续发展影响因素分析

　　生态环境是美好需求的重要内涵，是人类社会生存和发展的基础。生态环境质量提升本身就是可持续发展的目标之一。中国共产党第十九次全国代表大会报告中，将坚持人与自然和谐共生作为新时代中国特色社会主义思想和基本方略的重要内容，提出建设生态文明是中华民族永续发展的千年大计、人与自然是生命共同体等重要论断。工业园区自建立以来，因破坏生态环境、资源过度利用带来的负外部效应逐渐显现，如今，部分园区已成为资源消耗和环境污染的重灾区，然而，经济快速增长的同时，必须要考虑发展的质量和长远性，我们不能牺牲后代的利益来发展经济，不能透支有限的资源来支撑发展。因此，本章从生态可持续性来衡量工业园的可持续发展质量，为我国工业园区可持续发展提供评价工具。

一、环境可持续性

改革开放初期,国家精心建设了一批优质的工业园区,力图在大力发展经济建设、实现产业快速发展中,通过产业发展的资源聚集,设计营建高质量的综合环境,实现企业主体联动发展的优化组合。然而,随着开放程度逐渐扩大、步伐逐渐加快,工业园的发展由快速走向泛滥。在经济先行的主旋律下,各地疯狂建设产业园区,以致陷入混乱的状况,环境污染等问题逐渐凸显。2011年工业废水、废气和固体废物排放总量分别为659亿吨、56亿标立方米和433万吨,均在近15年里创下新高。2014年,全国工业废水、工业SO_2以及工业烟(粉)尘分别占全国排放总量的28.67%、88.15%与83.65%,成为中国环境污染的主要来源[①]。当前,追求快速发展带来的环境污染日益严重,工业园的集聚发展在带来规模效应和经济溢出效应的同时,更是进一步扩大了环境污染的范围。减少工业园工业生产对环境的损害、实现环境的可持续发展,已成为当今园区发展的重中之重。

环境可持续性作为工业园区生态可持续发展的一部分,也是可持续发展的重点。影响工业园环境可持续发展的因素有很多,我们主要将其归为两类。第一类是污染物的排放量,包括废水排放量、废气排放量、固体废弃物排放量以及行业特征污染物排放量,显然,废水、废气、固体废弃物以及行业特征污染物的排放都会污染环境,不利于其可持续发展,且污染后治理要浪费大量的人力物力,从根源上减少废弃物的排放是实现环境可持续发展的重要前提。然而控制废弃物的排放量仅能部分提升环境可持续发展水平,

---

① 洪竞科、张天翼:《时空分异视角下工业污染影响机制研究》,载《工业技术经济》2021年第5期。

要进一步减少工业园对环境的污染、建立绿色低碳循环发展的经济体系、促进我国工业园生态化、绿色化转型，还要推行清洁生产，减少污染物的排放，那如何对污染物的排放进行限制以促进环境的可持续发展呢？答案是建立切实有效的监督体系，对工业园进行园区清洁生产监督，因此我们将园区清洁生产监督水平也纳入影响园区环境可持续发展的因素。

值得注意的是，其中，工业园区的废水排放量、废气排放量、固体废弃物排放量以及行业特征污染物排放量负向影响工业园生态可持续发展；而园区清洁生产监督水平正向影响工业园生态可持续发展，即园区清洁生产监督水平越高，园区的环境可持续发展水平越高。

二、资源可持续性

除环境可持续性外，资源可持续性也是构成工业园生态可持续性的一部分。资源消耗和环境恶化往往伴随在一起，许多工业园由于关注快速发展，除造成严重的环境污染外，自然资源也损耗过大。据统计，2019 年，我国共消耗 48.6 亿吨标煤，比 2018 年增长 3.3%，天然气消费量增长 8.6%，电力消费量增长 4.5%[①]，且能源进口量也增长较快，可见，减少资源投入、实现经济又好又快发展仍是我国面临的严峻现实问题。

为减少环境污染与资源浪费，我国提出了尊重自然、顺应自然、保护自然的生态文明理念，把保护自然资源，树立绿色发展理念作为我国经济发展的重要前提，绿色发展是开发区高质量发展的根本方向，资源可持续发展是我国经济产业建设的必然要求，也是

---

① 生态环境部：《2019 中国生态环境状况公报》。

影响我国工业园区可持续发展的重要内容。绿色发展，就其要义来讲，是要解决好人与自然和谐共生问题，解决好人与自然的协调共生，就要减少资源的使用，提高资源的产出水平，然而，现如今部分工业园发展模式反而以较多的资源投入、较低的资源产出水平为主，就拿土地利用来讲，由于工业园规划不合理、定位不清晰、盲目扩张和重复建设，造成大量的土地资源浪费。自 2012 年以来，中国产业园区数量不断增加，传统产业产能过剩的不平衡态势加剧。中国产业园区整体空置率高达 43.2%，即使在商务发达的上海，商业园区的空置率也超过 10%、部分地区的园区空置率甚至超过 20%[①]。过高的空置率，即过低的土地利用率严重挤压入驻产业园区内的企业利润率并影响其资本使用效率。因此，资源产出水平对工业园环境可持续发展水平影响极大，较高的土地、能源、水资源等产出水平能够更好地促进工业园的可持续发展，增大土地、能源、水资源等产出水平能够切实从根源上减少资源的浪费，因此，我们认为资源的产出水平是影响工业园区可持续发展的重要因素，且资源的产出水平越高，越有利于工业园区的资源可持续发展。

不仅如此，实现工业园的资源可持续还要求对已有的产业转型升级，发展循环经济。提高资源的产出水平只是第一步，随着技术的进步，社会各界对工业园区可持续发展提出了更高的要求，即对废弃资源进行重复利用，实现对废弃物进行二次利用不仅能够减少工业废弃物的生产，还能够利用这些废弃物再次投入生产以减少对现有资源的使用，对实现工业园生态可持续发展具有重要意义，因此，本书认为废弃资源的重复利用水平也是工业园区资源可持续发展的重要影响因素，且资源的重复利用水平越高，越有利于工业园区资源可持续发展。

---

① 贺沛：《【独家】年终特稿：中国产业园区四十年的惠顾与总结》，"PPP 大讲堂"公众号，2020 年 12 月 22 日。

第二节 工业园区环境可持续发展能力评估

一、环境可持续性指标

影响环境可持续发展的因素大致可分为园区清洁生产监督水平、园区三废污染物排放量以及产业主要污染物排放水平三类。

在园区三废污染物排放量方面，2015 国家生态工业示范园区评价指标体系中，衡量园区三废污染物排放量的指标有单位工业增加值废水排放量、单位工业增加值固废产生量、单位工业增加值二氧化碳排放量年均削减率；2006 行业生态工业园区指标体系中，衡量园区三废污染物排放量的指标有单位工业增加值废水产生量、单位工业增加值 COD 排放量、单位工业增加值 SO_2 排放量；2009 年开始实施的综合类生态工业园区指标体系中，衡量园区三废污染物排放量的指标有单位工业增加值 COD 排放量、单位工业增加值 SO_2 排放量、单位工业增加值废水产生量、单位工业增加值固废产生量等指标。以上各指标体系中大多用单位工业增加值二氧化碳排放量增长率来衡量气体污染物排放量、单位工业增加值废水排放量来衡量液体污染物排放量、用单位工业增加值固体废物产生量来衡量固体污染物排放量，本书沿用该指标。

在清洁生产监督水平方面，2015 国家生态工业示范园区评价指标体系中，衡量清洁生产监督水平的有工业园区重点企业清洁生产审核实施率，本书沿用此指标。

在产业主要污染物排放水平方面，2015国家生态工业示范园区评价指标体系中，衡量园区主要污染物排放量的指标有主要污染物排放弹性系数；2006行业生态工业园区指标体系中，用行业特征污染物排放总量来衡量该因素，结合指标的科学性、综合性原则，本书采用国家生态工业示范园区评价指标体系提出的主要污染物排放弹性系数来衡量产业主要污染物排放水平。

在衡量园区清洁生产监督水平时，我们采用工业企业清洁生产审核实施率的指标；在衡量工业园区的污染物排放时，除用单位工业增加值二氧化碳排放量年均增长率来衡量气体污染物排放量、用单位工业增加值废水排放量来衡量液体污染物排放量、用单位工业增加值固体废物产生量来衡量固体污染物排放量以外，本书还采用主要污染物排放弹性系数来衡量产业主要污染物排放水平。

二、资源可持续性指标

资源可持续利用分为两方面：既包括现有资源的产出水平，又包括资源的重复利用水平。实现资源的可持续发展既要提高现有资源的产出水平，又要实现资源的重复利用。

我们用资源产出率来衡量资源的产出水平，资源产出率是主要物质资源实物量的单位投入所产出的经济量，其内涵是经济活动使用自然资源的效率。2015国家生态工业示范园区评价指标中，对现有资源产出水平的衡量指标有综合消耗弹性系数、单位工业增加值综合能耗、新鲜水耗弹性系数、单位工业增加值新鲜水耗；2006行业生态工业园区指标体系中，对现有资源产出水平的衡量指标有单位工业增加值综合能耗（标煤）、单位工业增加值新鲜水耗、单位工业用地工业增加值；2009年开始实施的综合类生态工业园区指标体系中，衡量现有资源产出水平的指标有单位工业增加值新鲜水耗、单位工业增加值综合能耗（标煤）、单位工业用地工业增加值；国家发展和改革委员会发布的工业园区循环经济绩效评价规范中提出的工业园区循环经济指标体系提出资源产出率由能源产出率、土地产出率、水资源产出率 3 个具体指标构成。综合上面分析可以发现，大部分指标体系都采用土地、能源和水资源的单位产出率来衡量资源的产出水平，因此，沿用能源产出率、土地产出率、水资源产出率这三个指标。

我们用资源循环利用率来衡量资源的重复利用水平，资源循环利用率是指对开采、生产加工、流通和消费过程中产生的各类废弃物，经回收处理后形成可再利用资源的比例。2015 国家生态工业示范园区评价指标中，对资源重复利用水平的衡量指标有工业固体废物综合利用率、再生资源循环利用率、工业用水重复利用率；2006 行业生态工业园区指标体系中，对资源重复利用水平的衡量指标有工业用水重复利用率、工业固体废物综合利用率；2009 年开始实施的综合类生态工业园区指标体系中，衡量资源重复利用水平的指标有工业用水重复利用率、工业固体废物综合利用率；工业园区循环经济指标体系提出资源循环利用率包括工业固体废弃物综合利用率、工业用水重复利用率 2 个必选指标。综合上面的分析可以发现，所有指标体系都采用工业用水重复利用率、工业固体废物综合利用率来衡量资源的重复利用水平。

综上所述，在衡量现有资源的产出水平时我们用土地产出率衡量土地的产出水平，用能源产出率衡量能源的产出水平，用水资源产出率衡量水资源产出水平；在衡量资源的重复利用水平时用再生水（中水）回用率衡量废水重复利用水平，用工业固体废物综合利用率来衡量固体废物的重复利用水平。

三、生态可持续发展能力评估

(一) 生态可持续性评价指标体系

从环境可持续和资源可持续两个维度共计 10 个指标来衡量工业园生态可持续发展水平。其中，衡量环境可持续性的指标有 5 个，分别是单位工业增加值二氧化碳排放量年均增长率、单位工业增加值废水排放量、单位工业增加值固体废物产生量、主要污染物排放弹性系数和工业企业清洁生产审核实施率；衡量资源可持续性的指标有 5 个，分别是土地产出率、能源产出率、水资源产出率、再生水（中水）回用率以及工业固体废物综合利用率，见表 4-1。

表 4-1　　　　　　　　生态可持续性评价指标

目标层	元素层	指标	指标性质
生态可持续性	环境可持续性	单位工业增加值二氧化碳排放量年均增长率	成本型（负向指标）
		单位工业增加值废水排放量	成本型（负向指标）
		单位工业增加值固体废物产生量	成本型（负向指标）
		主要污染物排放弹性系数	成本型（负向指标）
		工业企业清洁生产审核实施率	收益型（正向指标）
	资源可持续性	土地产出率	收益型（正向指标）
		能源产出率	收益型（正向指标）
		水资源产出率	收益型（正向指标）
		再生水（中水）回用率	收益型（正向指标）
		工业固体废物综合利用率	收益型（正向指标）

(二) 指标权重的确定

由于每个指标的影响程度不尽相同,需要对每个指标赋予相应的权重。按照专家意见,在技术方案运行初期,应采用专家打分法进行权重赋值,并明确相应指标的参考值,以保证数据评价的一致性与稳定性;在评价管理平台运营进入成熟期后,样本数据范围稳定,数据质量可控的前提下,可考虑运用组合赋权法来进一步完善。

因此,共邀请5位相关领域权威专家进行专家打分,得到最终的权重结果见表4-2。

表4-2　　　　　　生态可持续性专家打分权重

目标层	元素层	指标层	权重	指标性质
环境可持续性	生态可持续性	单位工业增加值二氧化碳排放量年均增长率	0.09	成本型(负向指标)
		单位工业增加值废水排放量	0.13	成本型(负向指标)
		单位工业增加值固体废物产生量	0.12	成本型(负向指标)
		主要污染物排放弹性系数	0.13	成本型(负向指标)
		工业企业清洁生产审核实施率	0.17	收益型(正向指标)
	资源可持续性	土地产出率	0.08	收益型(正向指标)
		能源产出率	0.08	收益型(正向指标)
		水资源产出率	0.09	收益型(正向指标)
		再生水(中水)回用率	0.07	收益型(正向指标)
		工业固体废物综合利用率	0.05	收益型(正向指标)

(三) 工业园区生态可持续发展指数计算

根据下述公式计算出工业园区生态可持续发展指数 Z。工业园区生态可持续发展指数的值越大,代表该园区的可持续发展能力越强。

$$Z = 100 \times \left(\sum_{i=1}^{p} W_i \times \frac{X_i - \overline{X}_i}{\overline{X}_i} + \sum_{j=1}^{q} W_j \times \frac{\overline{X}_j - X_j}{\overline{X}_j} \right)$$

式中:

i——正向指标;

j——负向指标;

p——正向指标个数;

q——负向指标个数;

W——评价指标权重;

X——评价指标值;

$\overline{X}$——评价指标基准值(参考第六章)。

第五章 工业园区社会可持续发展

第一节 工业园区社会可持续发展影响因素分析

工业园区是中国经济发展的重要平台,是中国经济增长的核心引擎。园区发展的最终目的在于改善人民群众的生活水平,尤其是随着"产城融合"理念不断深化,在工业园区的发展过程中越来越关注园区与员工、企业、周边社区、城市的融合共生,工业园区不再仅仅是一个生产场所,而是一个集生产生活于一体的多元环境,愈发强调园区对于改善人民生活品质、创造美好城市环境的社会意义。

一、管理可持续性

工业园区的发展关键在于企业之间的协作、产业的关联性,而落实到具体操作层面,则是园区地理位置的选择和布局的问题。回顾我国工业园区发展的历程,毫无疑问的是我国凭借体制的优势在经济上实现了快速赶超，但同时正是由于过于快速的发展，工业园区的发展太多偏向于经济数字，而轻视了布局、规划等管理能力的提升，这将导致工业园区的后发动力不足，发展的可持续性面临较大的挑战。相比之下，国外发展较早、较为成功的工业园区均具有科学、完善的布局和发展规划，产业结构合理、功能分区清晰、服务水平较高。

工业园区的管理可持续性不仅体现在其管理能力绝对值的高低，还与管理模式有关，即采用单一化管理还是多元化管理。单一化管理的决策效率较高，但容易出现决策盲区；多元化管理有助于权力分散和制衡，更适应当前时代的发展。多元化管理是指管理主体多元化，政府、企业、园区管委会和社区成员共同参与，提高信息的透明度，提高参与者的积极性，并且更好地协调各方的利益。

工业园区作为一个复杂的产业共同体，需要政府、园区管理部门、园区内企业及居民等多方参与。信息是连接所有参与者的重要手段，需要畅通的信息渠道，因此搭建工业园区信息共享平台是非常必要的。信息共享平台可以提高管理效率，侧面提升园区管理可持续性。信息共享平台可以实现信息交换、共享和整合，及时了解园区内无害、有害物质的组成和流向、生产信息等物质流信息以及市场发展信息、人才盘点、技术信息等市场信息，可以极大地提高园区内部的共同协作效率和水平（戴国新等，2008）。在明确园区内能源和物质的流转、交换信息的基础上，可以减少资源投入和消耗，避免资源重复投入，提高资源和设备的使用效率；此外，还可以实现公共设施的共享，如仓库、基础设施、施工装备等。工业园区信息共享平台的完善程度也是体现园区管理可持续性的指标之一。

工业园区发端于核心企业和主导产业，二者是工业园区具体类别和发展方向的决定因素。当工业园区的"核"确定并发展到一定程度时，会具有辐射和吸引的作用，出现上下游产业聚集、吸纳同类优秀企业入驻园区的现象，形成纵向和横向聚链。园区内的企业数量达到一定数量级后，众多企业之间形成复杂的网络，对园区整体的管理体系和能力提出了更高的要求。一个具有可持续发展能力的园区，其管理体系和能力也应是可持续性的，信息越流通、透明，认证标准越明晰、合理，园区的长期发展潜力越大。因此，园区的管理可持续性具体体现为，是否建立了合理的、针对性的企业认证评价标准，是否为园区内的企业提供了所需的信息等。

二、服务可持续性

企业之所以选择入驻园区，是为了得到更好的要素服务、更优质的资源，同时，实践也表明园区提供的服务对企业绩效有显著的促进作用（龚凤祥等，2013）。对于园区来说，良好的环境服务及完善的基础设施是吸引投资的一项重要条件，也是体现工业园区服务可持续性的重要指标。将园区作为整体进行管理并提供集中的服务，在经济方面具有显著的规模效应。此外，人才是知识和智力的载体，而知识和智力是园区发展最重要的资源，因此，园区发展需要引才引智。引才引智需要良好的环境，而良好环境的构建意味着园区具有较高的服务水平。

经济发展到当前阶段，人们工作的目的不再只是获得薪酬，还要求良好的工作环境、便利的交通区位、完善的配套设施等，以获得工作幸福感。比如新加坡纬壹科技园，该园区以知识密集型产业如生命医药、信息通信、传媒产业为主导，有完善的配套设施，如住宅、商业、写字楼、酒店、服务式公寓、公共配套等，以此创造宜人的硬件环境，催化科学技术研究社群，进而促进知识密集型产业的发展。德国 ADLERSHOF 科技园实行"大园区"战略，集科研、产业、配套服务于一体。园区软、硬件条件优越，并定期对园区建筑和基础设施进行翻新；另外，园区具有完善的基础配套设施，建有住宅区、商场、酒店、幼儿园、医院、高尔夫球场和 1 个大公园。以上两个国际较为知名的园区的共同特点是具有良好的服务可持续性，具有完善的基础配套设施、便利的交通和宜人的工作环境，因此，"服务可持续"也是衡量一个工业园区发展必不可少的一个指标。

工业园区的服务主要体现在生产性服务和生活性服务两方面。生产性服务关乎企业发展动力，园区要为企业营造良好的发展环境，构建包括孵化载体、技术平台、人才培育、融资担保等在内的服务体系。具体来说，通过提供会计、审计、律师等中介服务，建立风险投资分担机制来加快投融资平台的建设，帮助园区内的企业提高融资能力；通过发展技术开发、推广等服务机构和鼓励、支持园区内大企业的实验室和测试基地向中小企业开放等措施，提高技术支持的水平，从而促进园区长远、均衡的发展。生产性服务主要针对企业这一主体而言，生活性服务则是面向个人，即园区内员工、社区居民等。改善园区工作生活环境，是园区实现持续稳定发展的重要保障。园区要建设完备的生活配套设施，如职工宿舍、食堂和商服网点等，为园区员工、社区居民解决吃、住、行、娱乐、购物、就医、子女入学等实际问题。在此基础上，进一步完善园区内的市政配套设施，如绿化、亮化和美化工程。

工业园区设立的最初目标是发展经济，然而过于关注经济发展而忽略人文关怀，将导致园区发展的不可持续性。因此，对于工业园区的评价不仅关注经济数据等"硬指标"，还要关注服务等"软指标"，注重园区"全面、均衡发展"的能力。园区的服务可持续性具体体现为：不仅为企业提供所需信息和帮助以及引导企业发展，还要具备人文环境、配套服务系统等要素。为了保证评价的客观性、公平性，从园区之外的主体（如企业、职工及居民）对其评价、为社会做的贡献（如提供就业岗位、设立公益基金）等方面对园区的服务可持续性进行评价。

第二节 工业园区社会可持续发展能力评估

一、管理可持续性指标

最初的工业园区仅侧重经济发展，导致了众多的环境问题。随着环境法规日趋严格、资源日益短缺，工业园区开始着手可持续发展能力的构建，以取得更长期、持久的经济效益，把环境管理纳入商业管理。提高工业园区可持续发展能力已经成为共识，加强园区的精细化管理是提高其可持续发展能力的有效手段，但现阶段缺少有效的支撑园区的精细化管理的基础理论和方法（田金平等，2016）。而这一过程的实现需要将污染预防、清洁生产等规范指标有效地传达到工业园区内的各个企业，这就要求园区具有科学规划和高效运营的信息管理平台（戴国新等，2008）。另外，为了方便评价和监督，需要借助相应的ISO认证标准，将环境管理过程程序化、文件化，将环境管理结果数字化，使得管理行为和能力具有可追溯性，并通过报告书等形式上传到园区信息管理平台。

2006年出台的行业类生态工业园区标准中，其中园区管理包括工艺技术水平、信息平台的完善度、园区编写环境报告书情况、周边社区对园区的满意度和职工对生态工业的认知率5个指标，将满意度和认知率归为园区管理能力，而这两点应与园区服务水平更为贴合，另外，园区编写环境报告书被认为是"必选项"，而不应纳入评价体系中。综合考虑之下，本书认为信息管理平台的完善度是体现工业园区管理能力的重要指标。行业类生态工业园区标准中的污染控制项目通过单位工业增加值COD排放量、危险废物处理处置率、行业特征污染物排放总量等具体指标进行衡量，考虑到数据的易处理性，将复杂的排放量、处理率等数据转化为可读性更高的标准结果，如是否达到ISO9001认证标准。

综合以上考虑，园区信息管理平台是园区信息的集中地，将园区综合信息管理平台的完善度作为衡量园区信息管理水平的指标；园区内企业生产的产品获得国家产品质量标准认可、排污量达到国家环境管理水平，与园区管理体系的引导息息相关，通过园区内企业ISO9001和ISO14001认证比例进行衡量；另外，园区管理可持续性还体现在日常监测方面，通过工业企业污染物在线监测覆盖率和重点用能单位能源在线监测覆盖率进行衡量。

二、服务可持续性指标

管理能力和服务水平是园区"软实力"的两种不同的表现形式，管理能力体现的是园区的组织效率，而服务水平则代表园区的聚合、维护能力。一些关注可持续发展的学者为工业园区的可持续发展评估构建了多套指标体系，陈金山和周卫平（2010）以化工园区为例，构建了一套可持续发展指标体系，并认为应包括人自身的可持续发展、社会的可持续发展等，其中人自身的可持续发展具体可分为园区职工和社区居民的可持续发展，社会的可持续发展具体可分为社区发展水平和社区稳定水平。在实际测量中，通过职工满意度、社会保障覆盖率、职工与社会平均收入比等指标来衡量园区职工的可持续发展，将社区居民对生活环境满意度作为社区稳定水平的代理变量。但考虑到职工满意度已经涵盖社会保障覆盖率、薪酬满意度等内容，并且社会的可持续发展是个较为宏观的评价视角，不应只"局限"于社区层面，仅通过社区的发展水平和稳定水平来衡量。曲英和秦兰（2013）提出中国生态工业园可持续发展评价指标体系，该体系由经济水平、环境水平和社会水平三大元素构成，其中园区社会水平的衡量也是利用了满意度这一代理变量，如研究中采用的公众对就业稳定和工作环境的满意度、公众对园区管理机构的满意度，此外还包括公众对可持续发展理念的认知程度、管理层对可持续发展理念的重视程度和园区及周边公众的环保意识等认知因素。综上，在构建新的工业园区可持续发展指标体系时，将外界满意度作为评价工业园区服务水平的直接评价指标，并将数据来源对象扩展为职工、企业、社区居民三者。

从外界的评价对园区的服务水平进行客观评估，通过职工就业满意度、企业满意度和社区居民满意度来衡量；另外，通过单位土地就业岗位数和设立公益基金的企业占比对园区对社会贡献水平进行衡量。外界评价（即满意度）的数据通过对职工、园区内企业和社区居民进行调查获取，其他两项指标来源于园区统计数据。

三、社会可持续发展能力评估

（一）社会可持续性评价指标体系

从管理可持续性和服务可持续性两个维度共计10个指标来衡量工业园区社会可持续发展水平。其中，衡量管理可持续性的指标有5个，分别是园区综合信息平台完善程度、企业ISO9001认证比例、企业ISO14001认证比例、工业企业污染物在线监测覆盖率和重点用能单位能源在线监测覆盖率；衡量服务可持续性的指标有 5 个，分别是职工就业满意度、企业满意度、社区居民满意度、单位土地就业岗位数和设立公益基金的企业占比（见表 5-1）。

表 5-1　　　　　　　　社会效益可持续性评价指标

目标层	元素层	指标	指标性质
社会效益可持续性	管理可持续性	园区综合信息平台完善程度	收益型（正向指标）
		企业 ISO9001 认证比例	收益型（正向指标）
		企业 ISO14001 认证比例	收益型（正向指标）
		工业企业污染物在线监测覆盖率	收益型（正向指标）
		重点用能单位能源在线监测覆盖率	收益型（正向指标）
	服务可持续性	职工就业满意度	收益型（正向指标）
		企业满意度	收益型（正向指标）
		社区居民满意度	收益型（正向指标）
		单位土地就业岗位数	收益型（正向指标）
		设立公益基金企业占比	收益型（正向指标）

（二）指标权重的确定

由于每个指标的影响程度不尽相同，需要对每个指标赋予相应的权重。按照专家意见，在技术方案运行初期，应采用专家打分法进行权重赋值，并明确相应指标的参考值，以保证数据评价的一致性与稳定性；在评价管理平台运营进入成熟期后，样本数据范围稳定，数据质量可控的前提下，可进一步考虑运用组合赋权法来进一步完善。

因此，共邀请 5 位相关领域权威专家进行专家打分，得到最终的权重结果见表 5-2。

表 5-2　　　　　　社会可持续性专家打分权重

目标层	元素层	指标层	权重	指标性质
社会可持续性	管理可持续性	园区综合信息管理平台完善度	0.10	收益型（正向指标）
		企业ISO9001认证比例	0.11	收益型（正向指标）
		企业ISO14001认证比例	0.12	收益型（正向指标）
		工业企业污染物在线检测覆盖率	0.12	收益型（正向指标）
		重点用能单位能源在线检测覆盖率	0.21	收益型（正向指标）
	服务可持续性	职工就业满意度	0.03	收益型（正向指标）
		企业满意度	0.08	收益型（正向指标）
		社区居民满意度	0.04	收益型（正向指标）
		单位土地就业岗位数	0.06	收益型（正向指标）
		设立公益基金企业占比	0.13	收益型（正向指标）

（三）工业园区社会可持续发展指数计算

根据下述公式计算出工业园区社会可持续发展指数 Z。工业园区社会可持续发展指数的值越大，代表该园区的可持续发展能力越强。

$$Z = 100 \times \left(\sum_{i=1}^{p} W_i \times \frac{X_i - \overline{X_i}}{\overline{X_i}} + \sum_{j=1}^{q} W_j \times \frac{\overline{X_j} - X_j}{\overline{X_j}} \right)$$

式中：

i——正向指标；

j——负向指标；

p——正向指标个数；

q——负向指标个数；

W——评价指标权重；

X——评价指标值；

$\overline{X}$——评价指标基准值（参考第六章）。

第六章 工业园区可持续发展评价体系构建

第一节 工业园区可持续发展评价指标体系

在综合考虑我国高质量发展的内涵基础上,参考既有园区评价指标体系,构建基于产业升级、创新驱动、生态环境保护、能源资源节约、管理服务品质提升的综合评价指标体系。如表6-1所示,园区可持续发展评价指标体系分为三级,第一级是目标层级,第二级是维度层,第三级是指标层。我们构建了包含三个一级目标、六个维度、三十个具体指标的园区可持续发展综合评价指标体系。

表6-1 工业园区可持续发展评价指标体系

目标层	元素层	指标层		
^	^	指标名称	指标单位	指标性质
经济效益可持续性	产业可持续性	人均工业增加值增长率	%	收益型
^	^	主导产业工业增加值占比	%	收益型
^	^	园区财政收入增长率	%	收益型
^	^	园区上年度综合排名	位	收益型
^	^	园区三年期企业存活率	%	收益型

续表

目标层	元素层	指标层 指标名称	指标层 指标单位	指标层 指标性质
经济效益可持续性	创新可持续性	园区国家级创新平台数量	个	收益型
		R&D 经费支出占营业收入比重	%	收益型
		园区企业获得发明专利数	项	收益型
		国家级高新技术企业工业增加值占比	%	收益型
		战略性新兴产业工业增加值占比	%	收益型
环境效益可持续性	生态可持续性	单位工业增加值二氧化碳排放量年均增长率	%	成本型
		单位工业增加值废水排放量	吨/万元	成本型
		单位工业增加值固体废物产生量	吨/万元	成本型
		主要污染物排放弹性系数	—	成本型
		工业企业清洁生产审核实施率	%	收益型
	资源可持续性	土地产出率	亿元/平方米	收益型
		能源产出率	万元/吨标准煤	收益型
		水资源产出率	元/吨	收益型
		再生水（中水）回用率	%	收益型
		工业固体废物综合利用率	%	收益型
社会效益可持续性	管理可持续性	园区综合信息管理平台完善度	分	收益型
		企业 ISO9001 认证比例	%	收益型
		企业 ISO14001 认证比例	%	收益型
		工业企业污染物在线监测覆盖率	%	收益型
		重点用能单位能源在线监测覆盖率	%	收益型
	服务可持续性	职工就业满意度	分	收益型
		企业满意度	分	收益型
		社区居民满意度	分	收益型
		单位土地就业岗位数	个/平方米	收益型
		设立公益基金企业占比	%	收益型

注：除3项满意度指标外，其余定量指标按照园区统计或监测方法获得，具体计算方法参照附录A。职工就业满意度、企业满意度、社区居民满意度3项定性指标按照附录B调查问卷方式获得。

在目标层，分别从经济发展质量、生态环境质量和管理服务质量三个方面进行评价，力图实现经济效益与资源环境效益和社会效益的有机统一，走可持续的文明发展道路。其中，经济发展质量从产业健康和创新活力两个维度，分别设置了5个核心指标，用来衡量产业发展的质量和水平以及园区的创新活力，兼顾当前发展水平和长远发展后劲；生态环境质量从生态质量和资源效率两个维度，分别设置了5个核心指标，用来衡量园区生态文明建设水平和资源、能源资源利用效率；管理服务质量从管理水平和服务质量两个维度，分别选择了5个核心指标，用来衡量园区管理的科学性和有效性，以及园区入驻企业和周边居民对园区服务的满意程度。

产业可持续性中将工业增加值增长率修正为人均工业增加值增长率、支柱产业经济贡献率修正为主导产业工业增加值占比、财政收入增长率修正为园区财政收入增长率、开发区上半年综合排名修正为园区上年度综合排名及三年期企业存活率改为园区三年期企业存活率，指标修正后更加具有针对性。

创新可持续元素层中将国家重点实验室数量修正为园区国家级创新平台数量、科技成果转化率修正为园区企业获得发明专利数、高新技术企业经济贡献率修正为国家级高新技术企业工业增加值占比，指标修正在数据测量、数据分析方面实操性都有所增加。

生态可持续方面，将主要空气污染物排放强度修改为单位工业增加值二氧化碳排放量年均削减率、工业废水排放强度修改为单位工业增加值废水排放量、工业固体废物排放强度修改为单位工业增加值固体废物产生量、园区绿化覆盖率修改为工业企业清洁生产审核实施率、行业特征污染物排放达标率修改为主要污染物排放弹性系数，通过生态可持续具体指标的修正，可以对园区生态可持续做出更加准确和科学的评价。

资源可持续方面，将工业用水重复利用量修改为再生水（中水）回用率。中水是把排放的生活污水、工业废水回收，经过处理后，达到规定的水质标准，可在一定范围内重复使用的非饮用水。更加符合多数园区用水使用标准。

管理可持续方面，将园区风险防控体系建设完善度修改为企业ISO9001认证比例、法制规范化水平修改为工业企业污染物在线监测覆盖率、监管安全高效水平修正为重点用能单位能源在线监测覆盖率，通过指标修正，增加数据的可获得性和量化水平，使得指标体系更加规范。

服务满意度方面，将周边社区对园区满意度修正为社区居民满意度、就业岗位数修正为单位土地就业岗位数，通过指标修正使得满意度调查范围有所扩大，可以更加客观全面地对其进行评价。

第二节 工业园区可持续发展评价模型确定

一、模型选择

现有的工业园区评价研究多采取层次分析法、模糊评价法和TOPSIS法等模型对工业园区进行发展评价，各种模型各有优缺点。层次分析法（Analytical Hierarchy Process，AHP）是美国运筹学家萨蒂在20世纪70年代初提出的一种用于解决复杂问题排序的方法。该方法以系统分层分析为手段，对评价对象总的目标进行连续性分解，通过两两比较确定各层子目标的权重，对不同层次的权重进行加权来求出不同指标的综合权重，经过综合权重加权的指标之和便可用于评定复杂系统性目标的实现情况。层次分析法方法简单，且通过对目标层次的分解减少了传统主观确定权重存在的偏差，有利于提高评价的准确性和可信性，但必须在具备专业知识的条件下才能构造出合适的权重矩阵，权重矩阵的确定受到主观因素的影响。模糊评价法（Fuzzy Comprehensive Evaluation，FCE）运用模糊关系合成原理将模糊概念进行定量化处理，以此对评判对象的优劣等级进行综合评价。模糊评价法常用于对不能准确度量的事物进行评价，对于存在大量定量变量的指标体系，其优势并不明显。TOPSIS法，即逼近理想解排序法，是基于归一化后的原始数据矩阵，找出最优方案和最劣方案，通过计算评价对象与最优方案和最劣方案之间的距离获得评价对象与最优方案的接近程度，来以此表征评价对象的优劣。TOPSIS法对样本资料无特殊要求，比较适合指标数和对象数较少的评价方案，但缺点在于只能对各个评价对象进行优劣排序，却无法分档管理，灵敏度并不是很高。

基于本报告构建的工业园区可持续发展评价指标体系，按照科学性、简洁性和可操作性原则，本报告将基于改进的层次分析法构建工业园区的可持续发展评价模型，一方面，分别运用组和赋权法设计权重确定方案；另一方面，对所得数据进行无量纲化处理，以减少指标单位对评价结果的影响。据此构建工业园区可持续发展指数。

二、组合赋权法确定权重

实际测算中，每个指标的影响程度并不相同，具体体现在指标体系中，即为每个指标的权重并不一样，确定指标权重极为重要。

权重确定的两种基本方法为主观赋权法和客观赋权法，主观赋权法在赋权时主要依靠专家对指标的重要性的判断来对指标进行赋权，这种权重的确定方法带有相当程度的主观性，受人为判定因素影响较大；客观赋权则是通过数理的运算来获得指标的信息权重，避免了人为因素和主观因素的影响，但赋权结果没有考虑到指标在实际中的重要程度，有时会出现赋权结果与客观实际存在一定差距的情况。采用组合赋权法能够对主客观因素进行综合考虑，避免赋权方法所造成的偏倚。

组合赋权法是采用合成的方法将主观赋权法、客观赋权法的结果组合归并，得到一个组合赋权法的权数值。本研究采取等权加法合成法进行综合赋权，计算方法如下：

$$W_j = \frac{1}{m}\sum_{i=1}^{m} x_{ij} \ (i=1, 2, \cdots, m; j=1, 2, \cdots, n)$$

式中，x_{ij} 为第 i 种赋权法给第 j 个指标所赋的归一化权数，W_j 为组合赋权法对第 j 个指标所赋的权数，m 为赋权法的个数。

三、指标数据无量纲化处理

由于工业园区可持续发展评价指标体系中的各个指标从不同维度反映了园区可持续发展的要求，因而在单位上存在着巨大的差异，未排除极端值和量纲的影响，本报告还对各个指标进行了无量纲化处理。按照指标性质，这些指标分为"成本型"指标和"收益型"指标两大类，分别采取下述公式进行无量纲化处理。

成本型指标：$X'_{jk} = \dfrac{X_{max} - X_{jk}}{X_{max} - X_{min}} \times 40 + 60$

收益型指标：$X'_{jk} = \dfrac{X_{jk} - X_{min}}{X_{max} - X_{min}} \times 40 + 60$

其中，X'_{jk}代表第 j 个指标的第 k 个样本值的无量纲化数值，X_{jk}代表第 j 个指标的第 k 个样本值的原始值，X_{min}和X_{max}分别代表 j 指标样本值中的最小值和最大值。

四、工业园区可持续发展指数

本报告采用改进的层次分析法对工业园区的可持续发展水平进行评价，并根据下述公式计算出工业园区可持续发展指数Z_k。工业园区可持续发展指数的值越大，代表该园区的可持续发展能力越强。

$$Z_k = \sum_{j=1}^{30}(W_j \times X'_{jk}), j = 1, 2, \cdots, 30$$

可持续发展指数的评分等级见表 6 - 2。

表 6 - 2　　　　　工业园区可持续发展评价指标体系

分值范围	优秀	良好	一般	需改进	差
评分等级	90 ~ 100	80 ~ 89	70 ~ 79	60 ~ 69	60 分以下

第三节　工业园区可持续发展指数计算与等级评价

按照专家意见，为避免评价初期系统数据不稳定因素的影响，在评价初期应当给出评价指标的基准值，用以计算工业园区可持续发展指数。因此按照专家意见改进指数计算与评定方式如下。

一、计算公式

改进后的工业园区可持续发展指数 Z 计算公式如下：

$$Z = 100 \times \left(\sum_{i=1}^{27} W_i \times \frac{X_i - \overline{X_i}}{\overline{X_i}} + \sum_{j=1}^{3} W_j \times \frac{\overline{X_j} - X_j}{\overline{X_j}} \right)$$

式中：

i——正向指标；

j——负向指标；

W——评价指标权重；

X——评价指标值；

$\overline{X}$——评价指标基准值。

二、相关参数

按照相关办法和经验确定本评价技术方案的基准值，综合指标属性与权重结果汇总改进后的技术方案参数表见表6-3。

表6-3　　　　　　　　　技术方案参数表

一级指标	二级指标	三级指标	单位	基准值	属性	权重
经济可持续性	产业可持续性	人均工业增加值增长率	%	15	正向	0.06
		主导产业工业增加值占比	%	70	正向	0.06
		园区财政收入增长率	%	5	正向	0.06
		园区上年度综合排名	位	100	正向	0.04
		园区三年期企业存活率	%	90	正向	0.02

续表

一级指标	二级指标	三级指标	单位	基准值	属性	权重
经济可持续性	创新可持续性	园区国家级创新平台数量	个	5	正向	0.04
		R&D经费支出占营业收入比重	%	5	正向	0.01
		园区企业获得发明专利数	项	5	正向	0.02
		国家级高新技术企业工业增加值占比	%	3	正向	0.04
		战略性新兴产业工业增加值占比	%	3	正向	0.04
环境可持续性	生态可持续性	单位工业增加值二氧化碳排放量年均增长率	%	10	负向	0.04
		单位工业增加值废水排放量	吨/万元	7	负向	0.05
		单位工业增加值固体废物产生量	吨/万元	10	负向	0.04
		主要污染物排放弹性系数	%	0.3	负向	0.04
		工业企业清洁生产审核实施率	%	5	正向	0.06
	资源可持续性	土地产出率	万元/平方米	8000	正向	0.03
		能源产出率	万元/吨标准煤	0.5	正向	0.03
		水资源产出率	元/吨	0.1	正向	0.03
		再生水（中水）回用率	%	30	正向	0.03
		工业固体废物综合利用率	%	95	正向	0.02
社会可持续性	管理可持续性	园区综合信息管理平台完善度	分	60	正向	0.02
		企业ISO9001认证比例	%	2	正向	0.03
		企业ISO14001认证比例	%	2	正向	0.03
		工业企业污染物在线监测覆盖率	%	5	正向	0.01
		重点用能单位能源在线监测覆盖率	%	1	正向	0.05
	服务可持续性	职工就业满意度	分	60	正向	0.01
		企业满意度	分	60	正向	0.02
		社区居民满意度	分	60	正向	0.01
		单位土地就业岗位数	个/平方米	150	正向	0.01
		设立公益基金企业占比	%	5	正向	0.04

需要特殊说明以下两点：

电力、热力生产和供应业、非金属矿物制品业、化学原料和化学制品制造业、有色金属冶炼和压延加工业、黑色金属冶炼和压延加工业、石油加工及炼焦和核燃料加工业等高耗能行业产值占工业园区总产值比例超过60%的工业园区，能源产出率指标基准值下调20%，为2.4万元/吨标准煤。

电力、热力生产和供应业、黑色金属冶炼业、化学原料和化学制品制造业、石油加工及炼焦和核燃料加工业、有色金属冶炼业、酒和饮料制造业、造纸业、纺织业等高耗水行业产值占工业园区总产值超过60%的工业园区，单位工业增加值废水排放量指标基准值下调20%为5.6吨/万元，水资源产出率指标基准值下调20%，为1200元/立方米。

三、评价等级

改进后的工业园区可持续发展指数按照V1~V5级评分，见表6-4：V1表示优秀；V2表示良好；V3表示一般；V4表示较差；V5表示很差。

表6-4　　　　改进后的工业园区可持续发展指数评价等级

指数区间	评价等级	评价建议
$Z \geqslant 100$	V1	园区可持续发展表现优秀，继续保持
$50 \leqslant Z < 100$	V2	园区可持续发展表现良好，继续保持
$0 \leqslant Z < 50$	V3	园区可持续发展表现一般，有待改善
$-50 \leqslant Z < 0$	V4	园区可持续发展表现较差，亟待改善
$Z \leqslant -50$	V5	园区可持续发展表现很差，停业整改

第七章　工业园区可持续发展管理与能力提升

第一节　可持续发展的管理体系

《中华人民共和国国民经济和社会发展第十四个五年规划和2035年远景目标纲要》的主基调是高质量发展，国家要由高速度发展转向高质量发展。区域要高质量发展，城市要高质量发展，工业园区更要高质量发展。实现工业园区的可持续发展，首先要做到的就是建立可持续发展管理体系。我国工业园区数量多、种类广、发展阶段各异，各类园区达15000家之多，对全国的经济贡献达30%以上。其中，管理水平和科技水平相对较高的各类国家级园区也只有数百家，相当一部分的园区在科技创新和科学管理等方面仍然存在差距[1]，提升园区管理水平是园区发展工作的重中之重。在2019年，我国学者就开始积极地提出园区管理体系构建的观点，在"中国管理学70年学术研讨会"上，同济大学发展研究院院长任浩提出了园区管理体系构建的原则和目标：第一是普遍性和特殊性相

---

[1] 发改委环资司：《做好碳达峰碳中和工作，工业园区必须做出贡献》，2021年3月31日。

结合的原则，即要考虑各种园区形式；第二是开源性与闭环性相结合的原则，既要从体系上建立范围清晰、便于管理的闭环体系，同时也要考虑园区的"无边界性"和"强关联性"；第三是理论性与应用性相结合的原则，既要遵循管理学体系的一般要求，同时也要考虑园区管理实践的具体需要。目标是以高质量可持续发展为宗旨，以全周期赋能为理念、以过程为导向，建立科学合理的园区管理体系。可见，实现园区自身的管理优化，促进其高质量发展是国家、也是广大学者和民众的共同期望，构建可持续发展的管理体系是非常重要的。那么如何构建可持续发展的管理体系呢？

一、现有研究梳理

国外的工业园区发展较早，经验更为丰富，有许多管理方法值得借鉴，比如丹麦的卡伦堡工业园，卡伦堡当地的重要工业企业合作形成了一种互相协作的关系，把不同的工厂联系起来，建立了共享资源和互换副产品的产业圈，逐步形成了以废物交换利用和基础设施共享为特征的工业共生体系，在带来环境效益的同时也提升了经济竞争力，实现了园区尺度上环境与经济的双赢。它被认为是世界工业园绿色化的典范，其发展经验表明工业园产业协作和基础设施共享，能够促进园区更好地发展，这意味着在园区规划建设管理时，应有意识地组织产业协作，促进企业共生关系的形成（徐宜雪等，2019）。

再者是实施多样化的园区管理运作模式多样化发展，我国目前园区管理模式大概有三种。一是政府主导管理模式。由政府行政部门来进行领导、组织、具体实施开发区建设与管理的模式。这种模式也在开发区的初级阶段发挥了重要的作用。依据开发区管委会所拥有的实际治理权能大小以及发挥的相应作用，划分为管委会主导型模式和管委会协调型模式。在管委会主导型模式下，管委会负责园区内经济社会事务的全面管理。这个模式有利于管委会对园区整体规划的把握和效率的提高，但该模式是特定时期的产物，难以适应目前市场化改革的新形势，易出现管得过多、包办代替现象。管委会协调型模式下，管委会主要负责各职能部门之间的协调和沟通（公司运作）。这个模式能够较好地服务于主城的宏观调控，不偏离规划，但管委会权限较小，对重要事项没有决定权，容易造成效率不高的情况。二是企业主导管理模式。以独立的公司作为工业园区的开发者和管理者，负责区内的基础设施开发建设、经营区内的各项业务、管理区内的经济活动和提供区内企业所需要的各种服务。依据资金的来源不同可以划分为国企型、外商型、联合型等三类。企业管理模式运营高效，成本控制更优，易于市场机制的有效发挥，实现政企分离，但是容易忽略园区内其他公共事务的管理。企业化的管理机构一般不具有行政效力，在处理园区重大事项时权威性不足。三是混合管理模式。按照政府（管委会）与企业（开发区发展公司）结合的紧密程度，可以划分为政企合一型模式和政企分立型模式。政企合一型模式是早期过渡阶段的治理。政企分立型模式有效实现了管委会与开发区发展公司的分离，比较符合市场化运营要求，如苏州工业园区就是这种模式。

近年来，一些学者从管理主体出发，认为开发区管理中除了政府和企业之外，其他管理主体可以参与其中，如行业协会、社会组织等，创新性地提出新的混合治理模式——三元协同治理模式。比如日本的工业园，其在发展中形成了"官、产、学一体化"的园区运作模式，企业、研究机构、政府之间合作广泛，政府方面由环境省与经产省共同负责审批和管理，企业积极承担社会责任，研究机构提供技术支撑。整个运作是企业化的、市场化的。目前我国工业园区的环境管理工作主要依靠园区管委会、地方环保派驻机构主持开展，长期普遍存在技术支撑缺乏、人员配备不足等问题。应当进一步深化政府、企业与科研机构的合作，进一步促进工业园区产学研合作，解决园区企业与高校、科研院所之间由于信息不对称导致的企业环保技术需求无法满足的问题。通过在工业园区设立研究中心等手段，建立工业园区与高校、科研院所的紧密联系，直接进行供需对接，使科学研发有的放矢，科研成果直接服务于工业园区绿色转型和发展（徐宜雪等，2019）。

二、可持续管理体系建设建议

建设园区可持续发展的管理体系，是实现工业园区可持续发展的首要问题，为提升园区可持续发展管理能力，本书提出几点建议（见图7-1）。

01 提升园区智慧信息管理能力
02 建立多元化园区管理模式
03 促进管理行为制度化建设
04 创建绿色管理模式
05 完善园区评价管理机制
06 完善园区服务机制体制

图7-1 可持续发展管理体系建设

（1）提升园区智慧信息管理能力，建设完善园区信息共享平台。随着新工业革命爆发和信息技术的发展，大数据、互联网、人工智能等技术深入人们的工作生活，新技术的作用越来越凸显并不可替代，产业园区转型管理升级更为紧迫。将大数据、互联网、人工智能等技术资源整合到产业园区里面，将传统产业园区打造成新式智能、智慧园区，解决产业园区面临的恶性竞争和产业同质化严重的问题，实现传统园区向智能、绿色、智慧化园区的成功转变。创建信息共享平台，使管理更加便捷、高效，进而推进产业园区管理方式升级。

（2）建立多元化的园区管理模式，加大市场在资源匹配中的作用。推进政府、企业和科研机构等多种力量共同管理园区，建立和完善以市场为主导、政府监督为引导的产业资源管理体制，充分发挥市场在资源配置中的决定性作用，主要依靠市场来配置土地、矿藏、资金、资产、劳动力、技术、人才等资源。

（3）促进管理行为制度化建设。结合全面深化地方政府体制改革，规范政府经济监督管理和为各类市场主体服务的职能，营造有竞争力的投资、创业和产业发展的良好环境。

（4）创建绿色管理模式。推动重点企业实施绿色改造，在生产路线和产品设计开发阶段系统考虑原材料选用、生产、销售、使用、回收、处理等各个环节对资源环境造成的影响，构建废弃物管理体系，摸清园区副产物流向，以园区的主导行业和主要废弃物为基础，构建循环经济产业链，完善废弃物综合利用产业链，大力发展循环经济，培育节能环保产业基地。

（5）建立完善的园区评价管理机制，强化评价考核。建立合理的、针对性的企业认证评价标准体系，应用符合园区发展的统计指标，根据园区发展的不同阶段、不同产业类型，研究制定特色的园区评价标准体系。对园区内企业生产进行监测和评估，为企业绿色发展和高质量发展创造条件。

（6）完善园区服务机制体制。可持续的管理体系建设不仅要对绿色生产管理模式进行改进，还要改善园区生产生活环境，企业之所以选择入驻园区，是为了得到更好的要素服务、更优质的资源，因此要打造吸引企业入驻、便于人才引进的人文环境及配套服务系统。

第二节 可持续发展的法制体系

目前，一方面，我国在全球产业链中不断升级，世界银行已将我国定位为全球价值链中的先进制造业和服务业提供者。我国正在由"制造大国"向"制造强国"转变，由"世界工厂"向"全球产业链的枢纽"转变。这决定了很长一段时间里，我国的工业以及高端制造业对经济发展至关重要，工业园作为经济发展的主力军，制造业的主要载体，其重要性与日俱增。另一方面，绿色发展是国际大趋势，可持续发展日益成为全球共识，推动绿色增长、实施绿色新政是全球主要经济体的共同选择，发展绿色经济、抢占未来全球竞争的制高点已成为国家重要战略，促进工业园区可持续发展能力的提升是实现国家战略的重要一环，为从顶层设计上提升工业园的可持续发展能力，要从立法的角度对其发展进行规范。在法制方面，我国虽然尚未建成针对工业园可持续发展的法律体系，但党中央、国务院高度重视园区的绿色发展。

一、现有法律、政策、评价标准梳理

（一）可持续发展法律法规

目前尚未有针对工业园区可持续发展的法律法规，但国家出台

了一些保护环境、促进循环经济发展、推进清洁生产的法律，具体有《中华人民共和国环境保护法》《中华人民共和国循环经济促进法》《中华人民共和国清洁生产促进法》等（见表7-1），相关部门也根据这些法律制定了工业园区可持续发展的政策文件和评价标准。

表7-1　　　　　　　　　　可持续发展法律法规汇总

法律名称	基本信息	实施目的
《中华人民共和国环境保护法》	由中华人民共和国第十二届全国人民代表大会常务委员会第八次会议于2014年4月24日修订通过，自2015年1月1日起施行	为保护和改善环境，防治污染和其他公害，保障公众健康，推进生态文明建设，促进经济社会可持续发展制定的法律
《中华人民共和国循环经济促进法》	由中华人民共和国第十一届全国人民代表大会常务委员会第四次会议于2008年8月29日通过，自2009年1月1日起施行	为促进循环经济发展，提高资源利用效率，保护和改善环境，实现可持续发展而制定的法律
《中华人民共和国清洁生产促进法》	由中华人民共和国第九届全国人民代表大会常务委员会第二十八次会议于2002年6月29日通过，自2003年1月1日起施行	为促进清洁生产，提高资源利用效率，减少和避免污染物的产生，保护和改善环境，保障人体健康，促进经济与社会可持续发展制定的法律

（二）工业园可持续发展政策文件

为促进工业园可持续发展，国务院和各部门接连推出了"大气十条""水十条""土十条"、《国务院关于落实科学发展观加强环境保护的决定》《国务院关于加快推进循环经济发展的若干意见》《国务院关于印发节能减排综合性工作方案的通知》《中共中央国务院关于全面加强生态环境保护　坚决打好污染防治攻坚战的意见》《"十三五"生态环境保护规划》《工业绿色发展规划（2016～

2020年)》《打赢蓝天保卫战三年行动计划》等重要文件，提出了许多与园区生态化发展相关的内容，提供了工业园区可持续发展的总基调。而《关于促进国家高新技术产业开发区高质量发展的若干意见》《关于推进国家级经济技术开发区创新提升打造改革开放新高地的意见》《关于促进开发区改革和创新发展的若干意见》《国家高新区绿色发展专项行动实施方案》等系列文件更是针对园区提出了更加明确的绿色低碳循环发展要求[1]。此外，《关于开展国家生态工业示范园区建设工作的通知》《国家生态工业示范园区管理办法（试行）》等文件更是具体从园区管理、评估方法，绿色化工业园区初步建设目标等方面明确进行规定，促进工业园区的可持续发展（见表7-2）。

表7-2　　　　　工业园可持续发展政策文件汇总

文件名称	发布单位	政策要点
《关于开展国家生态工业示范园区建设工作的通知》	原国家环保总局、商务部、科技部	鼓励国家级经济技术开发区和国家高新技术产业开发区通过生态化改造申报综合类生态工业示范园区，支持开发区内具备条件的工业园区申报行业类生态工业示范园区和静脉产业类生态工业示范园区
《国家生态工业示范园区管理办法（试行）》	原国家环保总局	规范了国家生态工业示范园区申报、创建、管理、命名和验收工作，规定了园区建设和考核验收的相关标准文件
《国家发展改革委办公厅关于组织开展绿色产业示范基地建设的通知》	原国家发展改革委办公厅	到2025年，绿色产业示范基地建设取得阶段性进展，培育一批绿色产业龙头企业，基地绿色产业集聚度和综合竞争力明显提高，绿色产业链有效构建、绿色技术创新体系基本建立、基础设施和服务平台智能高效，绿色产业发展的体制机制更加健全，对全国绿色产业发展的引领作用初步显现

---

[1] 发改委环资司：《做好碳达峰碳中和工作，工业园区必须做出贡献》，2021年3月31日。

续表

文件名称	发布单位	政策要点
《关于完善国家级经济技术开发区考核制度促进创新驱动发展的指导意见》	国务院办公厅	指出加快绿色园区等重点领域标准制修订，促进园区转型升级。发挥标准体系在绿色制造体系建设中的引领作用，加快制定绿色工厂、绿色产品、绿色园区、绿色供应链、绿色企业以及绿色评价与服务等标准
《关于加强长江经济带工业绿色发展的指导意见》	工业和信息化部、国家发展改革委、科技部、财政部、环境保护部	提出改造提升工业园区、规范工业集约集聚发展、推进传统制造业绿色化改造，建设一批关键共性绿色制造技术实现产业化应用，打造和培育500家绿色示范工厂、50家绿色示范园区，推广5000种以上绿色产品，绿色制造产业产值达到5万亿元
《工业绿色发展规划（2016~2020年）》	工业和信息化部	鼓励国家级经开区创建生态工业示范园区、循环化改造示范试点园区、国家低碳工业园区等绿色园区，通过双边机制开展国际合作生态（创新）园建设，引入国际先进节能环保技术和产品
《绿色制造工程实施指南（2016~2020年）》	工业和信息化部、国家发展改革委、财政部、科技部	提出实施生产过程清洁化改造，推行循环生产方式，促进企业、园区、行业间链接共生、原料互供、资源共享，推进绿色工业园区建设
《关于开展绿色制造体系建设的通知》	工业和信息化部办公厅	提出开展绿色制造体系建设，选择一批基础条件好、代表性强的工业园区，建设绿色工厂、绿色产品、绿色园区、绿色供应链，推进创建绿色工业园区
《绿色制造标准体系建设指南》	工业和信息化部、国家标准化管理委员会	制定一批基础通用和关键核心标准，组织开展重点标准应用试点，形成基本健全的绿色制造标准体系，加快绿色产品、绿色工厂、绿色企业、绿色园区、绿色供应链等重点领域标准制定，创建重点标准试点示范项目，提升绿色制造标准国际影响力，促进我国制造业绿色转型升级
《关于组织开展国家低碳工业园区试点工作的通知》	工业和信息化部、国家发展改革委	提出选择一批基础好、有特色、代表性强、依法设立的工业园区，培育积聚一批低碳型企业，推广一批适合我国国情的工业园区低碳管理模式，试点园区碳排放强度达到国内行业先进水平，引导和带动工业低碳发展

续表

文件名称	发布单位	政策要点
《关于组织推荐 2012 年园区循环化改造示范试点备选园区的通知》	国家发展改革委办公厅、财政部办公厅	实施园区循环化改造示范试点工作，节能减排财政政策综合示范城市的园区优先，国家或省级循环经济试点园区或国家生态工业示范园区优先
《关于推进园区循环化改造的意见》	国家发展改革委、财政部	推进现有的各类园区（包括经济技术开发、高新技术产业开发区、保税区、出口加工区以及各类专业园区等）按照循环经济减量化、再利用、资源化，减量化优先原则，优化空间布局，调整产业结构，突破循环经济关键链接技术，合理延伸产业链并循环链接，搭建基础设施和公共服务平台，创新组织形式和管理机制，实现园区资源高效、循环利用和废物"零排放"，不断增强园区可持续发展能力

资料来源：据国务院办公厅网站、国家发展改革委、工业和信息化部相关政策文件整理。

（三）工业园可持续发展评价标准

为贯彻《中华人民共和国环境保护法》《清洁生产促进法》《循环经济促进法》，推动工业领域生态文明建设，规范国家生态工业示范园区的建设和运行，原国家环境保护总局和中华人民共和国环境保护部[①]制定了以下几项评价标准，首次由国家环境保护总局发布于2006年，后中华人民共和国环境保护部于2015年进行修订，将《综合类生态工业园区标准》（HJ274 – 2009）、《行业类生态工业园区标准（试行）》（HJ/T273 – 2006）和《静脉产业类生态工业园区标准（试行）》（HJ/T275 – 2006）合并为《国家生态工业示范园区标准》（HJ274 – 2015），见表7 – 3。

---

① 注：2008年，十一届全国人大一次会议通过关于国务院机构改革方案的决定，方案包括组建中华人民共和国环境保护部，不再保留国家环境保护总局。

表7-3　　　　　　　　工业园可持续发展评价标准汇总

评价标准名称	发布单位	评价标准要点
《静脉产业类生态工业园区标准（试行）》（HJ/T275-2006）	国家环境保护总局	规定了静脉产业类生态工业园区验收的基本条件和指标。根据生态工业的特征和生态工业园区建设的关键环节，静脉产业类生态工业园区标准由经济发展、资源循环与利用、污染控制和园区管理四部分组成，并进一步细分为20个指标
《行业类生态工业园区标准（试行）》（HJ/T273-2006）	原国家环境保护总局	规定了行业类生态工业园区验收的基本条件和指标。根据生态工业的特征和生态工业园区建设的关键环节，行业类生态工业园区标准由经济发展、物质减量与循环、污染控制和园区管理四部分组成，并进一步细分为19个指标
《综合类生态工业园区标准》（HJ274-2009）	原中华人民共和国环境保护部	规定了综合类生态工业园区验收的基本条件和指标值。根据生态工业的特征和生态工业园区建设的关键环节，综合类生态工业园区标准由经济发展、物质减量与循环、污染控制和园区管理四部分组成，并进一步细分为26个指标
《国家生态工业示范园区标准》（HJ274-2015）	原中华人民共和国环境保护部	评价指标包括必选指标和可选指标，国家生态工业示范园区标准由经济发展、产业共生、资源节约、环境保护、信息公开五部分组成，并进一步细分为32个指标

二、可持续发展法制体系建设建议

完善的法律体系可以从各个方面和层次对污染的治理和资源的使用进行约束，能够对工业园的可持续发展进行统一的指挥和调控，为建设完善的法律体系，本书提供以下几方面建议（见图7-2）。

（1）强化法律法规建设支持。推动促进绿色设计、强化清洁生产、提高资源利用效率、发展循环经济、严格污染治理、推动绿色产业发展等方面法律法规制度建设，从各个方面和层次对污染的治理和资源的使用进行约束，并成立发展循环经济的领导指挥机构，对生态工业园的发展进行统一的指挥和调控。

第七章　工业园区可持续发展管理与能力提升

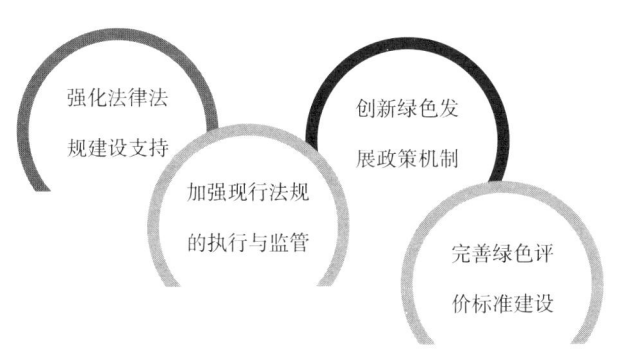

图 7-2　可持续发展法制体系建设

（2）加强现行法规的执行与监管。要强化执法监督，加大违法行为查处和问责力度，加强行政执法机关与监察机关、司法机关的工作衔接配合。我国在工业园区绿色监管框架的建设方面进展不错，但由于管理能力不足、缺乏明确的法规或缺乏强有力的激励等原因，使得许多监管框架并没有全面地执行。通过进一步加强地方政府能力，分配额外的资源和提供相关培训、简化法规和加强工业园区环境绩效管理透明性等方式，加强国家层面对工业园绩效的监管，对推动我国工业园区绿色发展将起到积极的作用。

（3）创新绿色发展政策机制。推动园区在法制政策与机制上进一步创新与集成，结合中国基本国情，优化惩罚机制、补贴机制与激励机制，健全绿色收费价格机制，建立健康有序发展的长效机制和动态调整机制。针对污染严重的产业和园区进行收费，对绿色工业园区、生态工业园区加大财税扶持力度，利用财政资金和预算内投资支持环境基础设施补短板强弱项，促进工业园区可持续发展。

（4）完善绿色评价标准建设。进一步推进可持续认证体系建设，开展绿色标准体系顶层设计和系统规划，形成全面系统的可持续建设标准体系，加快标准化支撑机构建设，并加强对评价标准中各项指标的统计监测,强化统计信息共享。①

第三节　可持续发展的科技体系

习近平总书记指出:实施创新驱动发展战略,必须紧紧抓住科技创新这个"牛鼻子",切实营造实施创新启动发展战略的体制机制和良好环境,加快形成我国发展新动源。② 工业园区是引领我国经济增长的重要驱动力,而科技体系又是其背后重要的引领和支撑力量。工业园区是企业发展的平台和载体,为园区企业提供有效的科技服务可以使科技资源得到优化配置。资源具有稀缺性,竞争的需要和社会的发展也加强了工业园区对科技的需求,寻找一种集中而有效的模式及其支撑的机制为企业提供科技服务非常重要。科技体系是提升工业园区创新能力的重要保障,完善的科技体系可以有效提高创新主体的积极性,提高创新效率,降低外部不确定性,进而全面提升工业园区的竞争力。此外,科技体系为企业科技进步提供重要的支持平台,帮助企业进行技术改造和产品结构的调整,加速科技成果向现实生产力的转化并降低交易成本,推动科技经济一体化的进程。完善的科技体系还有助于工业园区的文化建设,提高园区的社会形象。

一、现有研究梳理

科技体系的功能包括提供资源信息、搭建合作平台和扶持创业

---

① 《国务院关于加快建立健全绿色低碳循环发展经济体系的指导意见》。
② 《回顾十八大以来习近平关于科技创新的精彩话语》,人民网,2016年5月31日。

孵化等（姜超，2012），而我国目前的科技体系主要有政府引导型、科研院校直接支持型、社会经济组织型三种模式，其中，政府引导型模式是政府及其延伸机构来引导科技服务，也是我国科技体系的领导型力量；科研院校直接支持模式是高等院校、科研院所在政府、企业等提供科技产品、技术、信息等服务外，还通过建立示范基地、科技培训、专家服务等方式，进行更直接的科技服务，是我国科技体系的主导力量；社会经济组织服务模式是社会经济组织（如私人咨询机构、依托高校和科研院所的中介机构等）以营利为目的为企业生产提供所需的科技服务，是我国科技体系的重要力量（裘洁，2012）。

在园区转型升级的同时，科技体系需要进行同步升级，构建覆盖科技创新全链条的科技体系。科技体系可以划分为科技支撑体系和科技服务体系，二者相辅相成（见图7-3）。

图7-3 可持续发展科技体系建设

科技支撑体系是指有科技资源投入，经科技组织运作，产生科技产品的系统（薛运芳，2003）。其中，科技资源是科技支撑体系的物质基础，主要包括人力（从事科技研究开发的专业人员及其他为科技研究与开发服务的人员）、财力（R&D经费）、物力（用于科技研究与开发活动的实验室、科研仪器、设备）；科技组织是科技支撑体系的实体或主体，是科技活动的实施者或承担者，包括政府科研机构、企业研发机构、高等院校及其研究机构、非营利研究机构、民营研究机构及进行信息采集加工和科技中介服务的机构；

科技产品是科技支撑体系的产出成果，包括以各种形式存在的科学理论、技术和人才。

从可持续发展的本质和内涵出发，可持续发展科技支撑体系可理解为以可持续发展为目标的科技资源投入、科技组织运作和科研成果转化的系统。可持续发展科技支撑体系与传统的科技支撑体系在本质内涵、行为主体和追求目标上存在显著的差异（周志田等，2005）。在本质内涵上，可持续发展科技支撑体系追求经济、社会的发展与良好生态环境的统一，使经济、社会、生态效益全面提高；传统的科技支撑体系则注重生产要素、生产条件、生产组织的整合，以建立效能更好的新的生产体系，获得更大的经济利润。在追求目标上，可持续发展科技支撑体系的追求目标是经济目标、社会目标和环境目标三者的协调统一；而传统的科技支撑体系所追求的最直接最根本的目标是经济目标。在行为主体上，可持续发展科技支撑体系的行为主体是由政府、企业、科研机构、公众构成的复合体，通过经济、行政、法律和道德约束使它们相互协同。

科技服务体系是指面向转型后的工业园区的新兴产业服务体系。我国工业园区是在承接西方发达国家产业转移、引进外商投资的历史背景下建立和发展起来的，并且早期均以引进和服务投资大、产值高的大型企业作为重点，对与之配套的中小企业关注不足，缺乏专业的全过程服务。因此，构建一套完善的科技服务体系是极为必要的。

二、可持续发展科技体系建议

可持续发展的核心理念是追求"自然—经济—社会"系统的协调发展，因此要求科技支撑体系不仅能够推动自然、经济、社会各个子系统自身的发展,体现对整个社会—经济—自然复杂系统的促进功能;而且能够协调社会、经济和自然等诸子系统的发展关系,使它们始终处于互相支持、互相增强、互促发展的协同互动之中,体现对整个系统的协调功能。因此,可以从以下四点出发构建工业园区可持续科技支撑体系(见图7-4):

图7-4 可持续发展科技支撑体系建设

(1) 统筹谋划园区科技支撑工作。针对影响主导产业发展的关键环节,梳理需要突破的瓶颈难题,制订科技支撑年度工作计划,以及园区科技支撑短期或长期工作规划,从而保障园区科技支撑三大平台开展的工作具有紧密关联性,形成有机的联系,共同推动园区科技进步,避免出现平台之间的"断链"现象,确保园区科技研发创新项目有的放矢,生产集成示范的技术与装备始终围绕主导产业开展,推广扩散的科技成果适宜园区辐射区需要,从而显著提高科技支撑体系的支撑效益。

(2) 补强支撑体系短板。强化园区科技支撑体系中生产示范平台和推广扩散平台的建设。科技成果的生产示范在科技支撑体系中具有独特的作用,只有在生产实际中活生生地展示出科技成果的技术进步性,诸如产量提高、品质提升、生产简化、成本节约、市场需求、收益增加等,生产者才具有生产示范的积极主动性。由于科技成果的生产示范具有一定的公益性,因此,应扶持培育一定数量的管理规范、生产设备设施齐全、技术力量较强、具有一定生产规模的园区企业示范点，由这些示范点承担园区拟推广的科技成果的生产示范。针对科技支撑体系最薄弱的推广扩散平台，基于科技成果推广扩散具有公益性、经济性的双重性质，需要在大力发挥园区业主、入住科研院校基于自身利益开展科技成果推广扩散的基础上，进一步强化园区科技主管部门在科技成果扩散中的领导作用，并着力培育专业或兼业的科技成果推广转化经纪公司（人），专业从事技术成果转让工作，使科技成果推广扩散工作真正做到有人管、有人抓、有实效，起到其应有的作用。

（3）创造条件引进人才。创造适宜的生活环境、工作环境是解决人才问题必须面对的现实问题。①在居住、医疗保障、子女入学、日常生活的便利性等方面为科技人才解决后顾之忧，以适宜的生活环境吸引人才；②为科技人员提供良好的工作条件，使入园的科技人才有发挥用武之地，以良好的工作环境吸引人才；③保障科技人员的收入，在薪酬方面应不低于当地平均水平，同时建立报酬与贡献挂钩的激励机制，并制订详细的可操作的实施细则，以合理的收入吸引人才；④在职称晋升方面应建立正常的晋升渠道，制定出切实可行的政策措施，以正常的职称晋升吸引人才。只要能引进人才、留住人才、发挥人才的作用，园区的科技支撑体系发挥作用就有了基本保障。

（4）进一步凝练主导产业。本着"有所为而有所不为"的原则，应进一步凝练适宜当地推广应用的主导产业，围绕着主导产业的上中下游相关领域进一步完善科技支撑体系建设，凝心聚力促进主导产业发展。

针对工业园区可持续科技服务体系，参考紫竹高新区构建科技服务体系的经验，可从以下三方面入手（见图7-5）：

第七章　工业园区可持续发展管理与能力提升

图7-5　可持续发展科技服务体系建设

（1）深化产学研合作。鼓励高校和高新企业共建研究中心、联合实验室及大学生研发实践基地，将高校的技术创新和人才培养直接融入园区体系中，充分发挥高校科研资源和人才资源的溢出效应。

（2）搭建共享服务平台。搭建"实验仪器共享服务平台"等共享服务平台，并探索通过市场化运作的方式实现试验设备、实验室等研发资源共享。共享平台不仅可以降低企业研发成本，还可以促进企业更高效地开展技术和业务合作，进一步提升研发效率和创新水平。

（3）构建创新生态系统。依托优势产业，构建创新生态系统，提升园区抗逆性和自组织性；为初创、小型企业提供战略规划、公司治理、财务顾问、资本运作等全面且专业的服务。

第四节　可持续发展的生态体系

生态兴则文明兴，生态衰则文明衰。党的十八大提出了生态文明建设的重大战略，并将其作为"五位一体"战略布局的重要内容，十八届五中全会又将生态文明建设战略上升为绿色发展理念，党的十九大更是将生态文明建设提到"中华民族永续发展的千年大计"的战略高度，并将其纳入到了"两个一百年"的奋斗目标中。习近平总书记也在不同场合多次强调生态文明建设的重要性，生态文明建设被提到前所未有的战略高度，已经成为我国社会主义现代化建设的重要组成部分。

生态建设和经济建设融合发展需要一个既符合生态经济规律又符合经济规律的内在运行机制，而这一机制的具体载体便是工业园区。工业园区是地方经济发展、产业结构调整升级的重要空间，但同时也是补齐生态治理体系短板的重点区域，因此生态体系的构建是工业园区可持续发展的重要一环。

一、现有研究梳理

工业园区不仅要促进工业发展、GDP增长，还要确保区域生态平衡、环境友好、污染减少、资源良性循环，实现经济健康、和谐、科学的可持续发展。有学者以某经济开发区工业园区为例，结合该园区的区域现实条件和发展趋势，通过详细分析该园区建设和运营过程中对周边环境造成不利影响的可能因素，针对性地提出了关于工业园区环境保护和污染控制措施，并认为只有通过产业控制规划、环境容量和污染物排放总量控制，才能真正从源头上防范、控制和治理污染，保护园区生态环境，实现经济、环境、社会效益等多方共赢目标（李晓冰，2010）。另有学者曹瑛（2007）从工业园区稳定性和物质循环的角度出发，认为目前的工业园区存在较大的不稳定性，若将其融入区域副产品交换网络，在更大的空间范围内与更多的组织建立渠道多元化、方式灵活的物质与能量供需关系，进一步地，工业园区与区域副产品交换网络经过组合形成新空间架构，即区域工业生态体系。

还有学者从生态建设与产业共生的关系的角度出发,在分析工业园区生态建设发展需求及趋势分析的基础上,以产业生态学理论为指导,探索工业园区生态产业链和产业共生模式的类别及特征;总结出三种产业共生模式,即依托型产业共生模式、平等型工业共生模式和嵌套型工业共生模式。在三种模式的归纳基础上,结合天津空港经济区这一现实案例,针对性地提出嵌套型工业共生体系框架(王剑,2012)。另有一些学者在构建工业园区生态评价指标体系的基础上,提出工业园区在生态建设方面应有所作为,比如应充分重视源头和过程控制,积极实施"3R"原则,提高资源效率;完善区域范围内中水回用、信息系统等基础设施建设;提高管理水平,调整产业结构,加大环境执法力度,降低污染物排放量;加强宣传和培训,全方位贯彻生态工业理念,调动各方积极性参与工业园区的生态建设(刘景洋等,2007)。

二、可持续发展生态体系建议

(1) 建立"装置—企业—园区"多层次管控体系(见图7-6)。按照与工业园区产业定位和产业结构布局相适应的原则,依法建立健全园区及企业工业废水和危险废物收集、贮存、处理(处置)体系,确保污染物稳定达标排放,危险废物有序、安全地得到处置。落实环境风险应急三级防控机制建设,推行废水和事故排水明管化,建立"装置—企业—园区"多层次管控体系,可以考虑在企业或企业联片区周边建设足够的围堰和事故污水应急缓冲沟,确保突发环境事故毒物、消防污水和污染雨水不进入外环境。创新环境治理模式,比如针对企业高盐废水处理难的问题,探索推行环境污染第三方治理,园区建立统一的高盐、高浓度废水集中治理模式。

构建资源循环利用的闭环　Ⓐ　　　Ⓑ　加强生态化理念和环境
　　　　　　　　　　　　　　　　　　管理的宣传教育

建立"装置—企业—
园区"多层次管控体系　Ⓒ　　　Ⓓ　实现"互联网+"工业
　　　　　　　　　　　　　　　　生态化管理和"智慧
　　　　　　　　　　　　　　　　环保"管理

图 7-6　可持续发展生态体系建设

（2）构建资源循环利用闭环。由于工业园区产业链多样化，产品和副产品复杂，导致较多资源的浪费和排放，控制污染物的排放并不是唯一路径，更重要的是发挥资源的最大效用，使之能够被循环利用，因此，构建资源循环利用的闭环也是构建园区可持续发展的生态体系的重要部分。园区循环化改造是指根据园区内的物质流动规律，通过园区整体工业共生及基础设施的共享，实现能源的梯级利用、废弃物及副产品的循环利用；通过企业内部的清洁生产从源头减少资源能源消耗数量，从生产过程控制资源转化效率，最终实现绿色发展的政策目标。围绕园区特色资源的禀赋优势，通过资源深加工纵向延伸主导产业链条，并针对废弃伴生资源及龙头企业或主导产业链上产生的副产品/废弃物，通过补链、协同利用等措施，横向拓宽产业链条和辅助产品体系，构建动静产业耦合共生体系，实现特色资源全组分的高质高效利用。采取该项措施应识别园区主导产业中的"链核"。链核产业能够带动其他产业类型的协同发展，但所消耗的资源和能源规模较大，产生的废弃物种类和规模也较多，对园区整体经济与环境影响显著，决定了上、下游产业链条延伸和横向副产品利用拓展的难度与潜力。依托主导产业物质流分析，识别关键原料、产品和副产品的代谢节点，挖掘中间、末端产品增值的新渠道，通过"强链"措施延长动脉产业链条，增强产业链柔性，丰富产品体系，提高园区核心竞争力。

（3）加强生态化理念和环境管理的宣传教育。人类是一切活动的中心，构建工业园区可持续发展的生态体系需要从提高管理人员对"生态工业链"管理的认知水平做起。建立工业园区环境管理与经济发展相协调的机制，转变过分依赖政府的行政管理方式；将工业园区生态化管理的理念带入管委会和园区企业的最高领导层，通过培育工业生态化的理念和环境管理的宣传教育，提高工业园区环境管理的整体水准。同时，加大环保知识的宣传，提升生产企业的环保意识，加强对公众（如周边社区居民、园区工作人员）的工业生态知识宣传和培训，引导和鼓励公众参与生态共建，让绿色发展的理念贯穿、渗透于工业园区环境整治全过程。

（4）实现"互联网+"工业生态化管理和"智慧环保"管理。在如今的数字时代下，工业园区应充分借助互联网技术的优势，实现"互联网+"工业生态化管理和"智慧环保"管理。通过技术手段，实现工业园区的实时环境质量监测，统一调配园区内上下游资源，优化生产布局和产能调配，提高园区废物或剩余能量资源化途径实现能力。通过工业园区大数据收集、积累和分析，识别园区生态管理中的不足，从而制定更加科学合理的生态管理措施。

第八章 典型工业园区可持续发展分析[*]

第一节 河北沙河经济开发区

一、园区介绍

(一) 基本情况

河北沙河经济开发区位于沙河市区北部,规划总面积76平方公里。2012年经工信部批准为建材领域唯一一家"国家新型工业化产业示范基地"。2014年被科技部授予"国家火炬沙河现代功能与艺术玻璃特色产业基地"荣誉称号,被省委宣传部列入"省十大文化产业聚集区"。2016年被授予"省级新型工业化产业示范基地

---

[*] 本章原始数据均为作者通过查找统计资料、询问园区负责人及调研所得。

（新材料产业）"称号。2018年顺利获评"河北省第二批智慧产业集群试点"和"河北省玻璃产业名市"等称号。2019年被授予"中国制镜基地"称号，玻璃特色小镇被评为河北省创建类特色小镇。[①] 2019年，全区完成主营业务收入520.3亿元、财政收入15.5亿元、固定资产投资61.4亿元、实际利用外资3410万美元，外贸出口额8160万美元。[②]

修建以纬三路为景观大道的道路21条，配套排水管道覆盖全区，开发区内全部通水，配套变电站12座，两座污水处理厂、一座垃圾处理厂和一座供水厂投入运行，天然气主管道总长达58公里，年供气能力为15亿立方米，另外，通信、网络、公共交通、有线电视等设施齐全，实现了"十一通一平"。

目前，开发区共有玻璃及玻璃制品企业300余家，在产优质浮法玻璃生产线28条。玻璃产品呈现多样化，涵盖钢化、中空、Low-E、制镜、卫浴、彩晶、浮雕等各种深加工工艺。另外还培育发展了金沙河面业、龙星化工、万隆陶瓷、凯特饲料等多家规模企业。

围绕沙河市"3+5"新型工业体系建设，打造开发区"1+5"现代经济产业体系，加快玻璃产业转型升级和五大新兴产业培育发展。一方面，深入推进工信部"玻璃产业压减产能、提质增效转型发展"试点和省"智慧产业集群"试点，综合运用市场化、法制化手段，推动玻璃产业去产能。加快实施工艺技术改进、减排方式优化、产品结构调整、产业链条延伸"四大工程"，大力推动玻璃原片、深加工产品、创新能力、融合发展，实现"四个升级"。另一方面，积极培育新兴产业，持续发展壮大先进装备制造、新型建材、新材料与新能源、健康食品、电子信息制造5大新兴产业。充

---

① 《沙河经济开发区建设绿色生态园区 宜居宜业新城》，河北新闻网，2018年5月17日。
② 资料来源于调研数据。

分发挥河北中冶设备制造、中显智能制造、渴久新材料、建华建材、金沙河面业等龙头骨干企业引领作用，进一步吸纳相关项目聚集，提升产业集群影响力。

（二）发展综述

1. 招商引资和项目建设方面

招商引资工作再上新台阶。一方面赴外参会洽谈对接，积极"走出去"。参加中国国际玻璃工业技术展、5·18廊坊经贸洽谈会、国际被动房大会暨第五届中国（高碑店）国际门窗博览会等大型展会，集中展示沙河玻璃产业优势，提升沙河玻璃品牌影响力。另一方面开展自办招商活动，大力"引进来"。成功举办中国·沙河玻璃交易博览会。同时，在秋季举办了中国·沙河现代艺术及功能玻璃创新设计与应用高峰论坛和海峡两岸玻璃文化艺术交流会，邀请科技部、工信部、中国建筑玻璃与工业玻璃协会、中国硅酸盐学会、中国室内装饰协会等部门、组织的领导参会，吸引台湾地区的大批艺术家参展，极大地展示了沙河玻璃产业的影响力、吸引力。

项目建设取得新成效。近两年以来，开发区共引进重点项目6个，其中投资20亿元的冀中能源玻璃纤维池窑拉丝生产线项目、投资5亿元的上海旭收高端通用零部件总部及生产基地项目、投资3亿元的金诚特钢退市入园项目、投资2.5亿元的博远超薄不锈钢生产线二期项目、投资7.5亿美元的台湾科技产业园纳米颗粒材料及生物降解塑料项目和投资8.9亿美元的台湾科技产业园新型建材及节能保温材料项目。

另外，开发区共有在建项目包括冀中能源玻璃纤维池窑拉丝生产线项目、中农城投（沙河）农副产品直批电商综合物流博览园项目、上海旭收高端机械通用零部件生产及总部基地项目、装配式建筑 PC 构件项目、博远精密不锈钢带材二期项目、建华管桩新型建材项目、特种潜水电机绕组线项目等。

同时，还储备了一批在谈项目，包括航空科技园、京邯线 LNG 储气调峰站、普莱克斯全氧燃烧及氮气集中供应、奥智精密铸铝件、10 万吨/年废轮胎综合利用、颐高沙河数字经济产业运营中心等。

2. 转型升级和改革创新方面

一是优化调整产业结构，推动新旧动能转化。以迎新集团"退市进园"为契机，谋划实施总投资 30 亿元的河北迎新玻璃集团有限公司搬迁升级项目，加快推动沙河玻璃产业上档升级。河北德金玻璃有限公司投资 3.8 亿元建设鸿昇新材料光伏电子玻璃项目，将一条传统的浮法玻璃生产线升级改造为"一窑两线"超薄光伏电子玻璃生产线。二是人才服务平台建设取得新进展。与河北工业大学联合成立冀南工业技术研究院，研究院与 11 家企业签订技术合作协议，建立了 5 个研发中心及实验室。与沙河玻璃技术研究院、冀南工研院、邢台学院等研究机构和高等院校进行对接，推动玻璃 3D 打印技术、数控喷砂等多个玻璃深加工工艺的研发和优化升级。三是大力培育高新技术企业。龙星化工、迎新浮法、博远科技等三家高新技术企业完成复审工作，海生玻璃完成高新技术企业申报工作。四是将沙河玻璃价格指数项目为河北省县域特色产业集群振兴发展项目，是支撑智慧产业集群发展的重点项目。五是"中国制镜基地"于 2019 年 9 月通过评审。六是成立"海峡两岸玻璃文化艺术交流基地"。

3. 生态环保方面

一是工业企业治理情况。持续压减玻璃产能，关停长城玻璃 6 线、正大玻璃 3 线 2 条燃煤生产线，2019 年全年严格执行邢台市制定的玻璃行业超低排放标准，对全部玻璃生产线实施超低排放改造。在非取暖季重污染天气预警期间，对重点行业参照错峰生产绩效评价指标进行分类，优先管控污染排放较大的行业，同时，对绩效评价靠后、未实现超低排放的生产工序或生产线，采取停限产措施，实施差异化应急响应。在秋冬采暖期玻璃生产企业执行超低排放并按要求执行限产措施。使用湿法脱硫工艺的工业企业，全部完成脱硫装置加装湿电除尘器或实施半干法脱硫工艺改造；全部换装新式在线检测系统；完成全区非道路机动车安装尾气净化装置工作。目前正在推进正康清洁煤制气项目建设，尽快从根本上解决玻璃行业污染排放问题。二是"散乱污"企业治理情况。将整治"散乱污"企业工作常态化，努力实现"散乱污"企业动态清零。三是加大扬尘治理力度。对区内所有施工工地严格落实"七个百分之百"，对所有进出车辆实行冲洗、除尘、去污，并在重要路段、节点建立洗车点，增购洒水、湿扫、喷雾等车辆设备，提高作业效果，有效降低扬尘污染。全天候严查大车违规行驶，抓好柴油货车污染治理，对尾气不达标、抛洒遗漏、车身脏乱的车辆加大查处力度。加强油烟管控，对辖区内露天烧烤门店进行全面取缔，督促辖区内沿街饭店全部安装油烟净化装置，并落实在线监控装置安装工作。四是打造环保"领跑者"企业，推进产业绿色转型。已完成重点产业绿色转型暨打造环保"领跑者"企业工作方案编制工作，目前正在组织实施。

4. 安全生产方面

一是不断加强宣传和安全投入。组织召开安全生产工作会议；开展防灾减灾日宣传活动、"安全生产月"和"安全生产园区行"等一系列宣教活动；与企业签订安全生产和消防责任书，确保各项安全生产工作及时有效开展；聘请安全生产专家到开发区各大企业进行安全生产"把脉会诊"，并组织召开专家排查隐患交流会，进一步提升企业安全生产管理水平。二是狠抓安全生产"双控"建设。邀请市应急管理局领导到开发区进行安全生产"双控"工作培训指导；组织召开多次"双控"工作部署调度会，组织"双控"

信息录入培训,进一步加强开发区微小企业"双控"信息平台录入工作。三是扎实开展专项整治行动。开展安全生产大排查大整治攻坚行动、安全生产领域百日攻坚、化工行业安全生产专项整治、"防风险、保平安、迎大庆"消防安全执法专项检查等专项整治,下达《安全生产日常监督检查意见书》隐患整改率100%,联合市安监局对非法违法行为进行处罚,全面完成各级安全生产任务目标。四是有针对性地开展安全生产工作。针对春节、"两会"、中秋、国庆等特殊时间节点,制定专项安全生产工作方案。督导企业开展应急演练。扎实开展防汛工作。开展职业卫生专项整治工作。扎实开展食品安全整治工作。

5. 营商环境方面

一是大力开展"双创双服"专项活动。为企业提供开发区产业导向和财政扶持优惠政策信息咨询服务;深入企业宣传"双创双服"创新创业相关政策。利用好"微招聘"平台,为园区企业及客商提供人才引进、科学培训和生活服务等有效的帮扶措施。二是组建技术创新和服务企业工作专班。以服务企业为重点,先后搭建科技孵化创新、人才培育发展、金融服务等六大平台,为多家企业舒难解困,提供"一对一""零距离""保姆式"服务。三是加大对扫黑除恶专项整治行动的宣传力度,深入企业调查走访,进行全覆盖无死角宣传,广泛收集黑恶势力犯罪线索和情况。建立扫黑除恶摸排台账。四是全力搞好帮扶企业。组织企业实地考察,先后考察烟羽脱白技术、半干法脱硫工艺、新能源车辆等,帮助企业对接环保公司,全面了解国内先进环保处理技术。组织企业召开技术专题研讨会,切实向企业提供绿色帮扶,引领企业实现绿色发展。开展企业互相观摩活动,促进企业提高管理水平,有效提高治理环境,促进企业高质量发展,争创花园式工厂。

二、经济可持续发展评价[①]

分年份来看，沙河园区 2018 年在多项指标方面赶超 2017 年。企业经济类数据方面，园区综合排名由 19 位上升为 16 位，园区注册企业数量呈现上升趋势，助推园区经济可持续发展能力有了较大提升。园区经济类数据方面，园区工业增加值从 623045 万元上升至 685352 万元，上升幅度达 10% 以上，与之相对应，园区主导产业的工业增加值也有了一定的提升，从 551061 万元上升至 578535 万元，国家级高新技术企业工业增加值更是由 90343 万元上升至 1017270 万元，成绩亮眼，符合国家大力发展高新技术的诉求，积极进行产业转型升级。

2018~2019 年，园区综合排名有所下降，但是园区在很多方面表现仍然亮眼。具体来看，园区企业的注册总数有了较大提升，由之前的 610 家上升到了 2019 年的 653 家企业，并且企业存活率超过六成。园区工业企业注册数量也有了较大的提升，由 416 家企业上升到 425 家。园区工业增加值和主导产业工业增加值下降近两成，但是值得注意的是，在园区工业产值和主导产业工业产值的增速均下降的情况下，国家级高新技术企业和战略性新兴产业的工业增加值超过上一年，并且连续两年均正向增长。另外，园区企业的经营收入也较上一年有所增长，与此同时，园区始终重视科研创新，

[①] 本章数据均为作者通过查找统计资料、询问园区负责人及调研所得。在计算本章指标时，首先通过查找园区十四五发展规划等材料，寻找园区相关的污染物排放数据，对于无法找寻的数据，通过询问园区负责人查找以及插值法补齐部分缺失的 2019 年污染物排放数据，由初始数据，结合基准值，单位和权重重新确立指标最终在指数中所占用的大小；考虑到指数大小问题，将单位为% 的指标结果乘以 100，利用修正后指标体系中所确定的指标计算公式，注意正向指标计算方法与五项负向计算指标之间计算方法的差距，各指标数值再乘以各自专家所确定权重大小，最后核对对应单位是否符合以及与专家所给基准数值的大小差距，进一步分析差距的原因；考虑到部分指标的说明存在交叉，将部分数据进行合并，最后计算出各个计算指标相应的数值。

R&D 经费支出、固定资产投资均有较大幅度的增长。

河北沙河园区 2017 年的经济可持续发展指数得分为 83 分，达到 50～100 分的标准，即园区经济可持续发展表现良好，之后两年园区经济方面总体评分波动变化，2018 年约为 64 分，2019 年约为 59 分，但均处于 50～100 分的区间。沙河园区经济可持续能力部分表现不佳的几个方面：人均工业增加值增长率、园区三年期企业存活率、国家级创新平台数量、R&D 经费支出占营业收入比重。

具体来看，在产业可持续性方面，2018 年和 2019 年两年的人均工业产值尽管有所提高，但其增长率没有达到评价体系设定的 15% 增长率的基准值，说明沙河园区的增长势头有所下降；另外，沙河园区在企业存活率方面的表现也有待改善，2017～2019 年三年期间企业存活率并没有显著提高。在创新可持续性方面，沙河园区国家级创新平台数量始终没有突破零的困境，与评价体系中 5 个基准值标准还有一定的差距；从 R&D 经费支出绝对值来看，沙河园区在研发方面的投入是持续增加的，但其投入规模增长速度落后于工业产值的增长速度，与营业收入的增长不匹配。

虽然沙河园区有表现不佳之处，但其他方面的表现依然亮眼，在主导产业工业增加值占比、综合排名、发明专利数、国家级高新技术企业工业增加值占比、战略性新兴产业工业增加值占比等多方面可圈可点，尤其是在国家级高新技术企业工业增加值占比和战略性新兴产业工业增加值占比方面尤为突出。尽管目前沙河园区还没有建成国家级创新平台，但可以看到园区内的国家级高新技术企业和战略性新兴产业发展势头迅猛，因此，沙河园区有能力在较短的时间内搭建起国家级的创新平台，进一步助力园区的发展。

2017～2019 年沙河园区在经济可持续发展能力评分均位于 50～100 分区间内（见表 8-1），为 V2 级，说明沙河园区三年期间表现良好，2018 年和 2019 年评分虽有所下滑，但为 V2 级，需要保持。在该工业园区可持续发展评估体系下，沙河园区经济可持续发展能力评分有所下降的原因可能是园区的战略布局偏向高新技术企业和战略性新兴产业，发展的重心和管理的力量有所倾斜，而高新技术企业和战略性新兴产业还处于前期投入建设阶段，对园区发展的拉动作用还未体现出来。

表 8–1　沙河经济开发区工业园区经济可持续发展能力评价指数

指标			2017 年	2018 年	2019 年
经济可持续性	产业可持续性	人均工业增加值增长率	11.3676	-8.3966	-28.1608
		主导产业工业增加值占比	3.6893	2.8829	3.0756
		园区财政收入增长率	10.2190	6.4693	2.7195
		园区上年度综合排名	9.7200	10.0800	6.8400
		园区三年期企业存活率	-2.8535	-2.8535	-2.8535
	创新可持续性	园区国家级创新平台数量	-12.0000	-12.0000	-12.0000
		R&D 经费支出占营业收入比重	-2.4876	-2.4416	-2.3749
		园区企业获得发明专利数	0.0000	2.4000	3.6000
		国家级高新技术企业工业增加值占比	38.3341	42.1727	55.0134
		战略性新兴产业工业增加值占比	26.8891	25.4179	33.5105
总体评分			82.8780	63.7310	59.3700

资料来源：本表由作者收集调研数据后通过第四章展示的方法计算所得。

三、生态可持续发展评价

沙河园区在环境方面的表现较为突出，全部指数均呈现良好发展的态势。具体来看，在工业废弃物排出方面，园区二氧化碳、COD、SO_2、NO_x 和废水排放总量稳步下降，固体废弃物产生量年平均下降 30 个百分点。在资源消耗方面，能源综合消耗总量、工业用新鲜水量及再用水回用量、工业固体废弃物综合利用量均大幅下降，充分说明沙河园区由粗放型生产向集约型生产的转型较为成功，侧面说明园区的生产技术水平有较为显著的提升。另外，值得注意的是，园区污水处理厂污水处理量和园区工业固体废弃物存量有较大的跃升。一方面说明园区积极响应国家号召，重视环境生态保护；另一方面也再次证明园区的生产、清洁、处理相关的技术水平有较大的提升。

沙河园区环境可持续发展能力评分波动较大，同时出现波动的原因又各不相同。2017年的总体评分约8分，最大扣分项为主要污染物排放弹性系数，国家生态工业示范园区标准中规定工业增加值建设期年均增长率大于0的园区，主要污染物排放弹性系数应不超过0.3，而沙河园区2017年这一指标达到1.9，远超过基准值。同一时期的单位工业增加值二氧化碳排放量年均增长率低于基准值10%，单位工业增加值废水、固体废物排放量及工业企业清洁生产审核实施率等其他指标达到标准。

2018年的情况较2017年有较大变化，主要污染物排放弹性系数从上一年的-69上升到49（见表8-2），说明沙河园区的SO_2、NO_x等主要污染物的排放量大大减少，而二氧化碳排放量有所增加，导致单位工业增加值二氧化碳排放量增加率这一指标的得分较低。从其他指标来看，2018年比2017年的表现更好，尤其在资源可持续性方面，土地产出率、能源产出率等多个指标均较上一年有突破性的进步。2019年沙河园区在环境可持续性不同维度的表现均中规中矩，没有出现前两年有较大峰值和低谷得分的情况。

2017~2019年沙河园区在环境可持续发展能力评分起伏较大，划归为两个区间，2017年和2019年位于0~50分区间内，为V3级，说明沙河园区在这两段时期表现一般；2018年评分为66分，处于50~100分区间内，为V2级，这一时期内园区表现良好，但并没有很好地保持这一趋势，2019年便出现了下滑。

表8-2 沙河经济开发区工业园区环境可持续发展能力评价指数

指标			2017年	2018年	2019年
环境可持续性	生态可持续性	单位工业增加值二氧化碳排放量年均增长率	48.6557	-20.9561	6.7435
		单位工业增加值废水排放量	7.5768	8.4118	7.7404
		单位工业增加值固体废物产生量	10.6725	11.1813	11.3159
		主要污染物排放弹性系数	-69.7878	49.4826	-6.3917
		工业企业清洁生产审核实施率	14.2159	15.6923	17.4000
	资源可持续性	土地产出率	0.1980	1.0178	-0.6788
		能源产出率	0.8485	2.3321	0.9040
		水资源产出率	2.2360	5.0063	3.8861
		再生水（中水）回用率	-6.1422	-6.0667	-6.0358
		工业固体废物综合利用率	0.0078	0.0184	0.0287
总体评分			8.4811	66.1197	34.9123

从历年变化趋势来看各指标的变化，多个指标表现稳定且表现出向好的态势，比如单位工业增加值固体废物产生量、工业企业清洁生产审核实施率、再生水回用率和工业固体废物综合利用率；类似地，单位工业增加值废水排放量、能源产出率和水资源产出率等指标呈现稳中回落的趋势。而单位工业增加值二氧化碳排放量年均增长率和主要污染物排放弹性系数三年内顺次出现低谷和峰值，得分动荡较大。

四、社会可持续发展评价

从提供的信息类数据（见表8-3）来看，沙河园区在定期发布相关信息方面做得较好，并且能够定期收集职工、企业及周边社区的反馈。

表8–3　　　　沙河经济开发区工业园区信息类数据

指标	是/否
定期发布工业园区的各项管理规定、通知公告以及年度管理服务质量报告等	是
每年发布工业园区可持续发展的各项指标数据及在同类型园区中的排名概况	是
发布工业园区内企业在生态工业、循环经济、清洁生产以及提供社会服务方面的先进技术或经验总结	是
定期公开园区内重点排污单位的相关信息，公开信息的内容和要求见《企业事业单位环境信息公开办法》	是
定期对工业园区内部职工、企业以及园区周边社区的满意度进行调查，征集意见和建议，公示调查评价结果并积极改善园区综合管理水平	是

沙河园区在社会可持续发展能力方面表现颇佳，三年评分均超过60分，属于V2级，应继续保持。

具体来看，在管理可持续性方面，五项指标表现稳定（见表8–4），其中园区综合信息平台完善度得分三年未变；企业ISO9001和ISO14001认证比例均超过2%的基准值设定，有轻微下滑的趋势；工业企业污染物在线检测覆盖率和重点用能单位能源在线检测覆盖率有略微浮动，但整体都表现不错。

表8–4　　沙河经济开发区工业园区社会可持续发展能力评价指数

		指标	2017年	2018年	2019年
社会可持续性	管理可持续性	园区综合信息管理平台完善度	6.6667	6.6667	6.6667
		企业ISO9001认证比例	10.2248	11.5410	10.0567
		企业ISO14001认证比例	11.0868	12.5139	10.9045
		工业企业污染物在线监测覆盖率	6.4615	8.1923	7.7647
		重点用能单位能源在线监测覆盖率	17.7584	16.8689	17.5911

续表

指标			2017年	2018年	2019年
社会可持续性	服务可持续性	职工就业满意度	1.6940	1.6940	1.6940
		企业满意度	5.0147	5.0147	5.0147
		社区居民满意度	2.6291	2.6291	2.6291
		单位土地就业岗位数	14.7453	15.8363	16.2158
		设立公益基金企业占比	-13.0000	-13.0000	-13.0000
总体评分			63.2813	67.9568	65.5372

在服务可持续性方面，职工、企业和社区居民的满意度三年都保持在较高水平，满意度调研数据显示三个指标的满意度评分分别为94分、98分、97分，说明沙河园区能够较好地满足职工、企业和社区居民的需求，服务能力和意识较高。单位土地就业岗位数逐年上升，显示出沙河园区发展态势较好，在一定程度上拉动了就业；而目前园区内还未出现设立公益基金的企业，与基准值5%还有一定的差距，未来需要补足这一短板。

沙河园区在社会可持续发展能力评估方面唯一的扣分项在于没有设立公益基金的企业，其他指标均为加分项，整体来看，沙河园区的社会意识和服务能力处于中上游水平，在补齐短板的基础上应继续保持。

五、园区可持续发展指数

河北沙河园区2017年的园区指数得分为60.22分（见表8-5），达到50~100分的标准，说明园区可持续发展表现良好，继续保持，之后两年时间园区的综合排名波动变化。2018年约为77.99分，2019年约为43.14分。能够说明以下几点，从时间跨度来看：

沙河园区的园区可持续性随着时间的推移发生波动，存在一定的周期性，但综合来看沙河园区的综合排名靠前，处于可持续发展的行列，园区的基础较好，预计能够长时间处于高水平的可持续发展阶段。

表 8-5　沙河经济开发区工业园区可持续发展能力评价指数

指标			2017 年	2018 年	2019 年
经济可持续性	产业可持续性	人均工业增加值增长率	5.6838	-4.1983	-14.0804
		主导产业工业增加值占比	1.5811	1.2355	1.3181
		园区财政收入增长率	5.1095	3.2346	1.3598
		园区上年度综合排名	3.2400	3.3600	2.2800
		园区三年期企业存活率	-0.5707	-0.5707	-0.5707
	创新可持续性	园区国家级创新平台数量	-4.0000	-4.0000	-4.0000
		R&D 经费支出占营业收入比重	-0.8292	-0.8139	-0.7916
		园区企业获得发明专利数	0.0000	0.8000	1.2000
		国家级高新技术企业工业增加值占比	15.3336	16.8691	22.0054
		战略性新兴产业工业增加值占比	11.9507	11.2969	14.8936
环境可持续性	生态可持续性	单位工业增加值二氧化碳排放量年均增长率	21.6247	9.3138	-2.9971
		单位工业增加值废水排放量	2.9142	3.2353	2.9771
		单位工业增加值固体废物产生量	3.5575	3.7271	3.7720
		主要污染物排放弹性系数	-21.4732	15.2254	-1.9667
		工业企业清洁生产审核实施率	5.0174	5.5385	6.1412
	资源可持续性	土地产出率	0.0742	0.3817	-0.2546
		能源产出率	0.3182	0.8745	0.3390
		水资源产出率	0.7453	1.6688	1.2954
		再生水（中水）回用率	-2.6324	-2.6000	-2.5868
		工业固体废物综合利用率	0.0031	0.0073	0.0115

续表

指标			2017 年	2018 年	2019 年
社会可持续性	管理可持续性	园区综合信息管理平台完善度	1.3333	1.3333	1.3333
		企业 ISO9001 认证比例	2.7886	3.1475	2.7427
		企业 ISO14001 认证比例	2.7886	3.1475	2.7427
		工业企业污染物在线监测覆盖率	0.5385	0.6827	0.6471
		重点用能单位能源在线监测覆盖率	4.2282	4.0164	4.1884
	服务可持续性	职工就业满意度	0.5647	0.5647	0.5647
		企业满意度	1.2537	1.2537	1.2537
		社区居民满意度	0.6200	0.6200	0.6200
		单位土地就业岗位数	2.4575	2.6394	2.7026
		设立公益基金企业占比	-4.0000	-4.0000	-4.0000
总体评分			60.2210	77.9908	43.1402

分年份来看，沙河园区 2018 年在多项指标方面赶超 2017 年，企业类数据方面，园区综合排名由 19 位上升为 16 位，园区注册企业数量呈现上升趋势，园区从业人数也有了较大提升，这些都助推园区可持续发展能力有了较大提升。园区经济类数据方面，园区工业增加值从 623045 万元上升至 685352 万元，上升幅度达 10% 以上，与之相对应，园区主导产业的工业增加值也有了一定的提升，从 551061 万元上升至 578535 万元，国家级高新技术企业工业增加值更是由 90343 万元上升至 1017270 万元，成绩亮眼，符合国家大力发展高新技术的诉求，积极进行产业转型升级。而在环保类数据方面，园区在各个污染物方面的排放上也有一定的改进，如园区主要污染物（COD、SO_2、NO_x）的排放量均有一定程度的维持或减少，由于工业增加值的上升，单位工业产值对应的污染物排放得到了一定的控制。

2018～2019 年，园区可持续发展指数有所下降，但是不可否认，园区在很多方面表现仍然亮眼，具体来看，园区企业的注册总数有了较大提升，由之前的610家上升到了2019年的653家企业，且园区工业企业注册数量也有了较大的提升，由416家企业上升到425家，园区通过ISO9001认证与园区通过ISO14001认证的企业数量由23家上升到25家，园区内开展能源在线监测的企业数量页有所增加，企业获得的发明专利数量稳步提升。园区的综合排名情况有所下降，由2017年的19名下降到2019年的43名，此项为商务部发布的国家级经开区综合发展水平年度考核评价结果，考评过程中考察标准较为全面，排名影响较大。

在企业经济类数据方面，影响和占比较大的园区工业增加值对于最终的可持续发展指标的计算为-0.04和-0.14，而主导产业工业增加值影响系数为0.012和0.013，这样与基准值进行对比综合来看使得园区的可持续性有所下降，相比之下，园区的其他经济类数据保持稳定，未出现典型的上升或者下降，园区的财政收入与企业经营性收入均有一定程度的上升，分别增长了6%与4%。从环保类数据来看，园区环境保护情况良好，二氧化碳排放情况与废水排放情况均有一定程度的下降，但是相比于工业增加值的上升程度，单位工业增加值废水和二氧化碳排放量的增长率比基准指标较小，导致未给可持续发展指标以太大的正向帮助，从而导致2018~2019年可持续发展指标中在环保类指标方面有三个指标拖了后腿。

综合来看，河北沙河园区内2017~2018年各项指标普遍向好，使得园区的可持续性向好，而2018~2019园区内人均工业增加值增长率与主导产业增长率未能像2017~2018年那样继续向好，使得污染物的下降比例没能赶上增加值的上升比例。但可以看到园区内的国家级高新技术企业和战略性新兴产业发展势头迅猛，将成为沙河园区进一步发展的一大助力。

六、政策建议

（1）提升创业指导、培训等配套服务能力，提高企业存活率。河北沙河经济开发区的企业成活率三年评分一直较低，需要提升园区自身服务水平，通过开展创业指导、培训课程、交流会等活动，帮扶入驻的企业成长，提高企业成活率，为园区发展持续注入新鲜活力。

（2）提升能力、争取资源，成立国家级创新平台。国家级创新平台一直是河北沙河经济开发区的短板，需要通过提升自身管理和服务能力，改善园区效益，争取成立国家级创新平台，争取更广泛、更优质的资源，助力园区更高质量的发展。

（3）持续增加 R&D 经费投入。河北沙河经济开发区 R&D 经费占营业收入的比重较低，需要进一步提升对科研创新活动的重视程度以及加大对科研创新的投入，以创新为杠杆，撬动、放大园区的发展势头。

（4）构建完善的物质循环网，提高对现有物质的循环利用率。在充分分析园区内的企业和工厂之间物质需求关系的基础上，通过对过程集成技术的使用来确定物质流动的调整方向以及具体数量，并结合有关技术提高物质流动质量，进一步拓展物质循环利用空间。

（5）鼓励企业设立公益基金。公益基金是企业的社会责任感的体现，鼓励企业设立公益基金可以提高企业及园区的社会责任意识，营造社会监督的氛围，进而提升企业自觉性和积极性。

（6）进一步加大环保投入力度。响应国家战略号召，履行保护环境的基本义务，技术和管理双管齐下，改善园区环保可持续性，使园区整体的可持续性发展重回正轨。

第二节 盘锦高新技术产业开发区

一、园区介绍

(一) 基本情况

盘锦高新技术产业开发区是 2007 年经辽宁省政府批准的省级高新区,是辽西地区两家省级高新区之一。盘锦高新区是盘锦市政府重点扶持的工业园区,坐落于环渤海经济圈,盘锦市区西北部,园区规划面积 47.89 平方公里[①]。园区南部为服务管理区,中部为华锦工业区,中国工业企业 500 强——中国兵器工业集团辽宁华锦化工集团就坐落其中,北部为化工产业区。

(二) 发展综述[②]

1. 支柱产业:大项目集聚,推动世界级石化及精细化工产业基地加速崛起

宝来巴赛尔轻烃综合利用项目投资达 120 亿美元,是新中国成立以来辽宁省投资最大的合资石化项目,对全省乃至全国石化产业

[①] 资料来源:《规划建设情况》,盘锦高新技术产业开发区官方公众号,2021 年 4 月 25 日。

[②] 资料来源:《用汗水浇灌收获以实干笃定前行——辽东湾新区"十三五"时期高质量发展综述》,盘锦辽东湾新区管理委员会官网,2020 年 11 月 20 日。

发展具有重要意义。以兵器集团精细化工及原料工程项目、北燃炼化一体化项目、宝来化工轻烃综合利用项目为龙头，以长春化工盘锦石化基地项目、联成化学盘锦化工及仓储物流基地项目、瑞德化工焦化芳烃精细加工项目等项目为支撑的世界级石化产业基地正在加快形成。新区被列入《辽宁省建设国家新型原材料基地工程框架实施方案》，作为化工新材料、精细化工产品和高分子新材料产业发展的核心区，已基本形成以乙烯、丙烯、芳烃、碳四等为源头，以合成材料、涂料、化工助剂、工程塑料、化工新材料五大领域为主攻方向的产业链。北燃公司2020年以品牌强度806进入中国产品品牌榜，位列第三，成为辽宁入围品牌价值榜首。"十三五"新区石化及精细化工产业累计实现产值2830亿元，年均增长21%。

2. 粮油加工及物流产业持续发力，东北粮食储备和精深加工基地初具规模

依托盘锦港作为"北粮南运"和进出口粮油转运重要港口的优势，新区集聚了中储粮东北综合产业基地项目、益海嘉里仓储物流及粮油深加工项目、汇福粮油物流及油脂精炼深加工项目等一批粮油深加工项目和北大荒（盘锦）粮食仓储物流基地、润邦国际粮食农资物流园等一批粮食仓储物流项目。此外，以鑫海源为代表的粮油加工副产品补链的优质项目已开始集聚。2018~2020年粮油加工产业累计实现产值212亿元，年均增长227%，实现粮食中转量700万吨，成为新区"十三五"期间的纯增量。

3. 特色装备制造业持续增长，成为稳定新区经济发展的重要支撑

以忠旺集团、合力叉车、中天容器等重点制造类企业为支撑的特色装备制造业快速发展壮大。其中，盘锦忠旺铝产业链生产基地挤压型材项目已投产运营，2019年实现工业总产值15.6亿元，同比增长180.5%；合力工业车辆北方基地叉车产量持续扩大，2019年叉车产量7000余台，吸引配套企业集聚能力日益显现，先后被

国家、省评为专精特新"小巨人"企业和省级绿色工厂；中天容器已具备年产压力容器产品6000台的生产制造能力，市场需求力挺企业扩产。"十三五"新区特色装备制造业累计实现产值44亿元，年均增长31%。

4. 战略新兴产业发展步伐不断加快，科技创新能力逐步增强

中科曙光辽宁产业基地、长春锂电池铜箔等重点项目的投产运营，为新区战略性新兴产业积蓄了发展新动能。同时，国家级众创空间——创业孵化中心成果显现，累计入驻科技型中小企业100余户，"一区七园"创新创业平台累计吸纳各类创新企业500余户，成为新区新兴产业发展的新引擎。大连理工盘锦校区精细化工、结构装备两个国家级重点实验室和企业自行组建的研究院相继入驻新区，产学研体系有序搭建，为新兴产业发展提供科技动力。

5. 现代服务业迅速发展，主要旅游项目发展加快

以丰富的自然资源为基础，重点旅游项目为支撑，新区构建形成了全域旅游产业体系，已开发建设二界沟旅游景区、江南风情园、金帛海岸项目、稻作人家民宿村、含章湖旅游等多个旅游项目。通过改造主要街区，推进商业服务发展，重点对荣兴朝鲜族风情街、田庄台老街、江南风情园商业街等重点街区进行升级改造，配套餐饮、住宿、商贸、娱乐等衍生服务业，带动新区旅游服务业整体提升。

6. 港口物流配套功能逐步加强，对外开放程度不断提升

一方面，港口能力有效提升。盘锦港东作业区累计实现投资超过300亿元，建成5万吨级以上泊位25个，30万吨码头、15万吨航道建设全面启动，在建5万~30万吨级泊位12个；西作业区由企业自行投资建成万吨级以上泊位8个，在建万吨级以上泊位4个，东西作业区年吞吐能力可达到8000万吨。另一方面，港口集疏运体系逐步完善，成功获批一类口岸，保税物流中心封关运营，五批次复制自贸区经验先后落实。港口及周边近10条高速铁路、高速公路均全线通车；在东北和内蒙古开通内陆港7个，推动海港与内陆港有效联

动；开通至上海、宁波、福州、泉州、京唐、乍浦、潍坊等16条集装箱直航航线、23条外贸航线，不断加强海上航线布设，成为"辽满欧""辽蒙欧""辽海欧"国际物流大通道建设的重要节点。其中，"盘满欧"与"盘蒙欧"集装箱班列已正式运营。

7. 新区体制机制创新持续深入，营商环境持续优化

一是创新园区管理体制与运行机制。深入落实辽宁省开发区管理条例，整合部门职能，着力突破制约发展的体制机制障碍，重点突出开发区经济管理职责，剥离新区社会管理职责，实行"大部制、扁平化"及党政合一的管理体制和"管委会+公司"的市场化运行机制，进一步优化调整开发区党工委、管委会组织机构，有效精简压缩人员编制，提高工作效能，降低行政成本。

二是深入推进审批制度改革和强化审批服务。组建行政审批局，不断深化"放管服"改革，深入落实新区政务服务事项"最多跑一次"的要求，梳理可承接市级职能事项119项，编制新区经济管理权限清单97项，建立审批全流程链条，实现"一口受理、一次申报"，切实提高行政审批效率；借助政务服务网、微信公众号等互联网信息平台，推行"一网通办"和不见面审批，切实提高审批效率，压缩审批时间；全面落实项目管家制度，实行"一企一策"工作模式，实施重点项目全程代办服务。

8. 构建循环化产业链，绿色经济发展模式初具规模

新区以节能降耗为主线，以循环化改造园区建设为抓手，构建绿色循环经济体系。2017年6月辽东湾新区获批国家园区循环化改造示范试点，实施循环化改造项目24项，已形成宝来集团炼油—乙烯—聚乙烯、聚丙烯、苯乙烯的炼化一体化产业模式；益海嘉里稻壳—白炭黑—生物质发电、米糠—谷维素—阿魏酸—香兰素的"水稻循环经济模式"闭环式绿色产业链；另外，依托辽东湾能源岛、辽东湾新区化工企业高温热水综合利用项目，有效实现能源梯级利用；依托辽东湾石化产业园污水处理项目、中节能（盘锦）清

洁技术发展有限公司危险废弃物处置中心项目、盘锦泓实环保科技有限公司8万吨/年废酸处理项目等一批项目的实施，进一步补齐新区资源回收利用、污水处理、危险废弃物处置等短板，初步实现产业和生态环境保护协同发展。

二、经济可持续发展评价

盘锦高新技术产业开发区在经济可持续发展方面表现突出。2017年，盘锦园区经济可持续发展指数得分165分（见表8-6），为V1级，园区可持续发展表现优秀；2018年可持续发展指数大幅下降，但仍处于V1等级；而2019年其可持续发展指数又出现滑坡，得分为87分，处于V2等级。造成园区经济可持续发展指数接连下滑的主要原因是园区财政收入增长率的下滑。

表8-6　盘锦高新技术产业开发区经济可持续发展能力评价指数

		指标	2017年	2018年	2019年
经济可持续性	产业可持续性	人均工业增加值增长率	1.7693	-4.7564	-11.2820
		主导产业工业增加值占比	0.5978	0.9257	0.9257
		园区财政收入增长率	145.5510	108.0000	70.4490
		园区上年度综合排名	-5.4000	-9.3600	-4.8000
		园区三年期企业存活率	-1.7486	-1.7486	-1.7486
	创新可持续性	园区国家级创新平台数量	-12.0000	-12.0000	-12.0000
		R&D经费支出占营业收入比重	-2.8749	-2.8847	-2.9257
		园区企业获得发明专利数	21.6000	32.4000	39.6000
		国家级高新技术企业工业增加值占比	-9.9653	-9.9423	-9.8939
		战略性新兴产业工业增加值占比	27.7999	0.2046	19.2231
		总体评分	165.3292	100.8382	87.5475

资料来源：本表由作者收集调研数据后通过第三章展示的方法计算所得。

在经济领域，虽然盘锦高新技术产业开发区可持续发展表现不错，但是其优秀的可持续发展能力主要归因于连年上涨的园区财政收入，仍然有多个指标可持续发展能力表现不佳，主要有人均工业增加值增长率、园区上年度综合排名、园区三年期企业存活率、园区国家级创新平台数量、R&D经费支出占营业收入比重、国家级高新技术企业工业增加值占比。其中，在产业可持续性方面，人均工业增加值增长率在2018年和2019年没有达到评价体系设定的15%增长率的基准值，说明沙河园区的增长势头有所下降；另外，盘锦园区在年度综合排名和企业存活率方面的表现也有待提高，其在2017~2019年度综合排名均未达到基准值100，企业存活率未达到基准值90%；在创新可持续性方面，盘锦园区国家级创新平台数量始终没有突破零的困境，与评价体系中5个基准值标准还有一定的差距；从R&D经费支出绝对值来看，盘锦园区在研发方面的投入是持续增加的，但其投入规模增长速度落后于工业产值的增长速度，与营业收入的增长不匹配；国家级高新技术产业工业增加值也连年上升，但是上升速度也同样落后于工业产值的增长速度。

此外，盘锦园区的战略性新兴产业工业增加值占比、主导产业工业增加值占比、园区企业获得发明专利数、和战略性新兴产业工业增加值占比正向影响着经济可持续发展指数，尤其是战略性新兴产业工业增加值占比和园区企业获得发明专利等方面表现尤其突出，尽管目前沙河园区还没有建成国家级创新平台，但截至2020年5月，盘锦园区已拥有各类技术创新平台104个，获得技术专利1197项[1]，能够为园区的进一步创新发展发挥推动作用。

---

[1]《创新平台超百家技术专利逾千项——盘锦高新技术创新释放发展新动能》，盘锦高新技术产业开发区官方公众号，2020年6月18日。

三、生态可持续发展评价

盘锦高新技术产业开发区的环境可持续发展能力评分连年上升,后劲十足。2017 年其评分为 33 分,处于 V3 等级;2018 年评分为 49 分,仍处于 V3 等级但与 V2 等级仅有 1 分之差;2019 年评分大幅上涨到 160 分,达到 V1 等级,园区环境可持续发展态势良好(见表 8-7)。

表 8-7　盘锦高新技术产业开发区环境可持续发展能力评价指数

指标			2017 年	2018 年	2019 年
环境可持续性	生态可持续性	单位工业增加值二氧化碳排放量年均增长率	44.2787	25.3849	6.4911
		单位工业增加值废水排放量	-22.3068	-11.3761	-8.2741
		单位工业增加值固体废物产生量	11.9825	11.9068	11.9664
		主要污染物排放弹性系数	29.9574	49.1988	172.9456
		工业企业清洁生产审核实施率	-17.0000	-17.0000	-13.2842
	资源可持续性	土地产出率	-5.08170	-4.0327	-3.7516
		能源产出率	1.9016	4.4353	3.3661
		水资源产出率	-4.3409	-4.1821	-3.0210
		再生水(中水)回用率	-6.0430	-5.6102	-5.0340
		工业固体废物综合利用率	0.1188	0.1702	-0.9205
总体评分			33.4667	48.8948	160.4840

盘锦园区可持续发展指数上涨的原因主要是主要污染物排放弹性系数的急速下降,园区内污染物排放总量一直在下降,且其下降的速度高于园区的工业增加值年均增长率,其主要污染物排放弹

系数对园区可持续发展能力的贡献在 2017 年为 29.96%，发展到 2018 年为 49.20%，到 2019 年为 172.94%。

在环境领域，虽然盘锦高新技术产业开发区可持续发展评分逐年升高，但是其优秀的可持续发展能力主要取决于主要污染物排放弹性系数，大部分指标可持续发展能力仍表现不佳，主要有单位工业增加值废水排放量、工业企业清洁生产审核实施率、土地产出率、水资源产出率和再生水（中水）回用率。其中，在生态可持续性方面，单位工业增加值废水排放量在 2017 年和 2019 年都没有达到评价体系设定的 7 吨/万元的基准值，但其与基准值的差异在逐年降低，说明沙河园区的水污染虽较为严重，但在不断改善；另外，盘锦园区在工业企业清洁生产审核实施率方面的表现也有待提高，园区在 2017 年和 2018 年都没有企业通过清洁生产审核，2019 年也仅有两家企业通过了清洁生产审核。在资源可持续性方面，盘锦园区土地产出率和水资源产出率皆尚未达到基准值，还有一定的改进空间；再生水（中水）回用率在 2017 年为 4.1%，2018 年为 6.0%，2019 年为 8.4%，虽也在逐年上升但距离 30% 的基准值还有所差距，园区应当加大再生水（中水）回用力度，提升水资源再利用水平。

此外，盘锦园区的单位工业增加值二氧化碳排放量年均增长率、单位工业增加值固体废物产生量、能源产出率皆正向影响着经济可持续发展指数，而工业固体废物综合利用率则在 2017 年和 2018 年对园区经济可持续发展水平指数有正向贡献，在 2019 年对园区经济可持续发展水平指数有负向影响。

四、社会可持续发展评价

从提供的信息类数据（见表 8-8）来看，盘锦园区在定期发布相关信息方面做得较好,并且能够定期收集职工、企业及周边社区的反馈。

表8-8　　　　盘锦高新技术产业开发区信息类数据

指标	是/否
定期发布工业园区的各项管理规定、通知公告以及年度管理服务质量报告等	是
每年发布工业园区可持续发展的各项指标数据及在同类型园区中的排名概况	是
发布工业园区内企业在生态工业、循环经济、清洁生产以及提供社会服务方面的先进技术或经验总结	是
定期公开园区内重点排污单位的相关信息,公开信息的内容和要求见《企业事业单位环境信息公开办法》	是
定期对工业园区内部职工、企业以及园区周边社区的满意度进行调查,征集意见和建议,公示调查评价结果并积极改善园区综合管理水平	是

盘锦高新技术产业开发区在社会可持续发展方面表现不佳,其2017年社会可持续发展能力评价评分为-50.34,处于V5等级;2018年略有进步,社会可持续发展指数为-48.66,处于V4等级;2019年该指数又下滑至-49.19,三年内园区社会可持续发展能力评价水平基本无变化(见表8-9)。

表8-9　　　盘锦高新技术产业开发区社会可持续发展能力评价指数

		指标	2017年	2018年	2019年
社会可持续性	管理可持续性	园区综合信息管理平台完善度	6.6667	6.6667	6.6667
		企业ISO9001认证比例	-11.0000	-10.5550	-10.5944
		企业ISO14001认证比例	-12.0000	-10.5437	-10.6726
		工业企业污染物在线监测覆盖率	-4.4528	-4.9825	-5.4426
		重点用能单位能源在线监测覆盖率	-21.0000	-21.0000	-21.0000

续表

指标			2017年	2018年	2019年
社会可持续性	服务可持续性	职工就业满意度	1.6940	1.6940	1.6940
		企业满意度	5.0147	5.0147	5.0147
		社区居民满意度	2.4800	2.4800	2.4800
		单位土地就业岗位数	-4.7447	-4.4352	-4.3392
		设立公益基金企业占比	-13.0000	-13.0000	-13.0000
总体评分			-50.3422	-48.6610	-49.1935

资料来源：本表由作者收集调研数据后通过第五章展示的方法计算所得。

具体来看，在管理可持续性方面，仅有园区综合信息管理平台完善度的能力评价值为正，且对社会可持续发展能力评价指数的贡献为6.67，该得分三年保持不变。其他指标：企业ISO9001认证比例、企业ISO14001认证比例、工业企业污染物在线监测覆盖率和重点用能单位能源在线监测覆盖率均未达到其基准值，其中2017年园区没有企业通过ISO9001和ISO14001认证，2018年和2019年通过ISO9001和ISO14001认证的企业数量分别为1家和3家，随着园区的企业注册人数逐年上升，该比例呈先上升后下降趋势，且远低于2%；重点用能单位能源在线监测覆盖率可持续评价评分连续三年为-21，是造成盘锦园区社会可持续发展能力评价表现不佳的主要原因，这是由于园区内一直没有开展能源在线监测的企业，因此，盘锦园区应鼓动园区内企业开展能源在线监测，提高园区的社会可持续发展能力。

在服务可持续性方面，职工就业满意度、企业满意度、社区居民满意度皆高于其基准值，说明盘锦园区能够较好地满足职工、企业和社区居民的需求，服务能力和意识较高。园区单位土地就业岗位数和设立公益基金企业占比皆未达到其基准值，尽管如此，园区的单位土地就业岗位数以良好的态势逐年上升，2017年为31个/平方千米，2018年为39个/平方千米，2019年上升到41个/平方千米；而三年间园区内尚未有设立公益基金的企业。总体而言，盘锦园区在社会可持续发展方面提升空间很大，未来应补齐短板，提升其可持续发展能力。

五、园区可持续发展指数

根据可持续发展指标计算公式将最终计算的辽宁盘锦园区计算结果列示如下：2017年可持续指标为83.12、2018年为64.04、2019年为77.42（见表8-10）。根据相关参数的指标等级划分，2017~2019年园区的可持续发展表现良好，且2019年相较2018年园区的财政收入方面存在较大改善，增长率甚至达到50%与34%以上，对于园区的可持续性存在有提升，需要继续保持。

表8-10　盘锦高新技术产业开发区可持续发展能力评价指数

		指标	2017年	2018年	2019年
经济可持续性	产业可持续性	人均工业增加值增长率	0.8846	-5.6410	-5.6410
		主导产业工业增加值占比	0.2562	0.3967	0.3967
		园区财政收入增长率	72.7755	35.2245	35.2245
		园区上年度综合排名	-1.8000	-1.6000	-1.6000
		园区三年期企业存活率	-0.3497	-0.3497	-0.3497
	创新可持续性	园区国家级创新平台数量	-4.0000	-4.0000	-4.0000
		R&D经费支出占营业收入比重	-0.9583	-0.9752	-0.9752
		园区企业获得发明专利数	7.2000	13.2000	13.2000
		国家级高新技术企业工业增加值占比	-3.9861	-3.9576	-3.9576
		战略性新兴产业工业增加值占比	12.3555	8.5436	8.5436

续表

指标			2017年	2018年	2019年
环境可持续性	生态可持续性	单位工业增加值二氧化碳排放量年均增长率	19.6794	2.8849	2.8849
		单位工业增加值废水排放量	-8.5795	-3.1823	-3.1823
		单位工业增加值固体废物产生量	3.9942	3.9888	3.9888
		主要污染物排放弹性系数	9.2177	53.2140	53.2140
		工业企业清洁生产审核实施率	-6.0000	-4.6885	-4.6885
	资源可持续性	土地产出率	-1.9056	-1.4069	-1.4069
		能源产出率	0.7131	1.2623	1.2623
		水资源产出率	-1.4470	-1.0070	-1.0070
		再生水（中水）回用率	-2.5898	-2.1574	-2.1574
		工业固体废物综合利用率	0.0475	-0.3682	-0.3682
社会可持续性	管理可持续性	园区综合信息管理平台完善度	1.3333	1.3333	1.3333
		企业ISO9001认证比例	-3.0000	-2.8894	-2.8894
		企业ISO14001认证比例	-3.0000	-2.6681	-2.6681
		工业企业污染物在线监测覆盖率	-0.3711	-0.4536	-0.4536
		重点用能单位能源在线监测覆盖率	-5.0000	-5.0000	-5.0000
	服务可持续性	职工就业满意度	0.5647	0.5647	0.5647
		企业满意度	1.2537	1.2537	1.2537
		社区居民满意度	0.6200	0.6200	0.6200
		单位土地就业岗位数	-0.7908	-0.7232	-0.7232
		设立公益基金企业占比	-4.0000	-4.0000	-4.0000
总体评分			83.1174	64.0391	77.4184

辽宁盘锦园区2017年可持续发展表现良好，正在往更协调和可持续的方面发展，虽然园区从部分指标上看排名并不很高，但是可塑性极强，如园区在十三五期间实现的盘锦港战略枢纽作用，进

一步推动了产城融合发展，同时园区内石化及精细化工产业引领新区发展的支柱效应明显，也对于园区的进一步发展起到了重大的推动作用。辽宁盘锦的数据变化能够说明以下几点。

从时间跨度来看，盘锦园区的园区可持续性与其主导产业石油化工产业息息相关，且以辽宁华锦集团公司为主要影响因素，虽然盘锦园区的综合排名并不靠前，但是后劲十足，处于可持续发展的行列，园区的基础很好，尤其是在很多指标上表现突出，预计能够长时间处于高水平的可持续发展阶段。

分年份来看，盘锦园区2017~2019年度可持续分项指标的变化存在规律。企业类数据方面，园区综合排名由145位下降至178位，之后进一步上升回到上140位，与此同时，园区注册企业数量呈现上升趋势，园区从业人数也有了较大提升，这些企业基础指标的变化使得盘锦园区的可持续发展能力能够保持在一个相对较高的水平。

挑选对于园区可持续发展影响最大的几项指标来看，可以发现，盘锦园区在以下几点上做得较好：园区财政收入增长突出，财政收入增长率2018年达到50%，2019年达到34.35%，在园区工业增加值与人均工业增加值增长率保持两位数增长的前提下，财政收入实现了巨大的增长。与之相对应，园区在发展高新技术，发挥"双循环"新发展格局带来经济高质量发展方面也开展出自己的一套体系，如在国家政策推动下，大数据、云计算、物联网、区块链、工业互联网、虚拟显示等颠覆性技术正在加快融入产业发展进程之中，园区以项目建设为引领，紧抓新科技革命机遇，加速传统制造企业的数字化转型，鼓励企业应用颠覆性技术开辟新的发展空间，这种通过延伸产业链，创新实践形成新的产业发展模式、商业运营模式和服务模式的方式，都是园区实现高质量可持续发展的重要推动因素。

在政策转型升级的带动下，盘锦园区在环保类数据方面也表现突出，如主要污染物排放弹性系数与基准值的对比看出园区在产业增加值实现正增长的情况下仍然实现了园区的污染物减排，具体到园区各个污染物方面的排放上，如园区主要污染物（COD、SO_2、NO_x）的排放量分别从 271.66 吨到 197.25 吨、1224.889 吨到 351.54 吨、2635.49 吨到 1379.41 吨。最后，园区的土地产出率、能源产出率以及水资源产出率均属于行业高水平。

综合来看，我们可知辽宁盘锦园区内 2017～2019 年各项指标在合理范围之内，使得园区的可持续性向好，而 2017～2019 年园区内财政收入的巨大增长以及污染物排放系数的控制使得园区在各项指标并不落后的情况下可持续发展指标保持了较好的水平。

六、政策建议

（1）提高企业存活率，提升园区产业可持续性。盘锦辽东湾新区的企业成活率三年评分一直较低，园区应当不断提升自身服务能力，通过开展创业指导、培训课程、交流会等活动，帮扶入驻的企业成长，提高企业成活率，为园区发展持续注入新鲜活力。

（2）加强园区负责任创新能力，提升园区创新可持续性。盘锦辽东湾新区目前暂无国家级平台，且 R&D 经费占营业收入的比重较低、国家级高新技术企业工业增加值占比较低，应进一步加大对创新的投入力度，并将社会责任同技术创新实践紧密结合，持续提升园区的创新能力并保证创新成果的可持续性。

（3）减少污水排放，提升园区生态可持续性。盘锦辽东湾新区污水排放量较大，污染负荷排放强度较高，水污染是盘锦辽东湾新区在生态发展方面的短板，园区应完善污水处理措施并增强污水处理监控水平，进一步增强污水防治能力，增强园区生态可持续发展水平。

(4) 提高能源产出、循环利用水平，提升园区资源可持续性。盘锦辽东湾新区土地产出率和水资源产出率皆较低，园区应采用技术手段降低能耗，提升资源产出率，并完善园区产业循环链，构建废弃物管理体系，完善废弃物综合利用产业链，提升资源循环利用率，进一步增强园区资源可持续发展水平。

(5) 加强在线监测覆盖程度，提升园区管理可持续性。对工业企业进行污染物和能源的在线监测能够对其完成即时的全自动监控，提高企业的管理水平，因此应鼓励企业对污染物和能源实现在线监测，增强园区管理可持续发展水平。

(6) 鼓励企业设立公益基金，提升园区服务可持续性。公益基金是企业的社会责任感的体现，鼓励企业设立公益基金可以提高企业及园区的社会责任意识，营造社会监督的氛围，进而提升企业自觉性和积极性。

第九章 结 语

　　工业园区的快速发展推动了中国经济的高速增长，是我国曾经作为"世界工厂"的源动力，为国家的发展做出了巨大贡献，然而，单纯追求 GDP 的粗放式发展的模式导致园区生产资源投入多、消耗大、效率低，并且带来了如空气污染、水体污染、固体废弃物污染等众多环境问题。经济快速增长的同时，必须要考虑发展的质量和长远性，不能透支有限的资源来支撑发展，推动工业园区可持续发展才是发展的长久之计，工业园区可持续评价指标体系是衡量工业园区可持续发展的工具，对其进行研究具有重要意义。我国的统计体系基本以行政区划为单位开展综合统计，尽管大多园区也属于一级行政区划单位，但园区以经济活动为中心，以物质的流入和流出为基本特征，传统的行政区的综合统计体系不再适用，有必要建立基于园区物质流分析为基础的园区统计体系，对园区能源、资源的流入和污染物的排放进行科学监测和适时统计，建立适合园区科学管理需要的统计体系，统一统计口径和统计标准，提高数据的可比性、真实性、有效性和及时性。且我国产业园区数量众多，层级不同，发展质量和水平也参差不齐，在开展园区高质量发展评价时，需要按照国家级园区、省级园区和其他产业园区的顺序有序推进，同时，使指标既能客观反映各园区的高质量发展水平，也能反应各园区的高质量发展的提升幅度，形成园区自身纵向比较和园区之间横向比较的综合评估体系，引导园区高质量发展。

第九章 结 语

本书从理论和实践两个层面对工业园区可持续发展进行了全面介绍。首先，在开篇绪论部分对工业园区可持续发展的国内外研究进展进行了综述，旨在让读者了解工业园区可持续发展的时代要求和国内外研究进展情况。第二章从理论角度出发，系统梳理了可持续发展的内涵、评价指标体系和评价方法，旨在使读者对工业园区可持续发展形成整体认知。接下来的第三章到第五章，以现有研究为基础，分别总结影响工业园区经济、环境和社会可持续发展的因素，并对可能的影响因素进行初步筛选，为本书拟构建的工业园区可持续发展评价指标体系提供借鉴。第六章展示了本研究构建的工业园区可持续发展评价指标体系，主要采用专家打分法和层次分析法，形成清晰直观的 V1～V5 五个等级划分。进一步地，第七章从管理、法制、科技和生态体系四个角度，提出工业园区可持续发展管理的改进方向。第八章从理论落实到实际，利用本书构建的评价指标体系对河北沙河经济开发区和盘锦高新技术产业开发区进行验证分析，并据此指出两个工业园区目前发展中存在的短板，为今后其管理指明方向。

可持续发展已经成为全世界发展的主题，园区的可持续发展也备受关注。本书从经济、环境和社会三方面出发，构建了一套工业园区可持续发展评价体系，以期为工业园区找出短板、寻找精准发力点，并为政策制定者提供参考，为生态文明建设贡献一分力量。

附录 A 指标计算方法

A.1 人均工业增加值增长率

指标解释：人均工业增加值增长率，是指工业园区报告期内园区人均工业增加值年均增长率。工业增加值，是工业企业在报告期内以货币形式表现的工业生产活动的最终成果，是工业企业全部生产活动的总成果扣除了在生产过程中消耗或转移的物质产品和劳务价值后的余额，是企业生产过程中新增加的价值。

计算方法：人均工业增加值增长率（%）=园区工业增加值（万元）×园区工业企业上年末就业人数（人）/园区上年末工业增加值（万元）×园区工业企业年末就业人数（人）×100%。

A.2 主导产业工业增加值占比

指标解释：主导产业工业增加值占比，是指工业园区内工业增加值位列前三的产业（主导产业）的工业增加值占比。

计算方法：主导产业工业增加值占比（%）=主导产业工业增加值（万元）/园区工业增加值（万元）×100%。

A.3 园区财政收入增长率

指标解释：财政收入增长率是指财政收入年度增长额与上一年度财政收入总额之间的比率，反映本期财政收入的增长速度。

计算方法：财政收入增长率（%）=［报告期财政收入总额（万元）-上年度财政收入总额（万元）］/上年度财政收入总额（万元）×100%。

A.4 园区上年度综合排名

指标解释：园区上年度综合排名是指根据商务部发布的国家级经开区综合发展水平年度考核评价结果和有关部门或省（自治区、直辖市）发布的年度评价结果中确定的园区名次排序。

A.5 园区三年期企业存活率

指标解释：园区三年期企业存活率指园区内的企业连续经营超过三年的企业占比，用于衡量园区内企业的生存能力。

计算方法：园区连续经营超三年企业数（个）/园区注册企业总数（个）×100%。

A.6 园区国家级创新平台数量

指标解释：园区国家级创新平台数量包括国家工程技术中心、国家企业技术中心、国家重点实验室等。

A.7 R&D经费支出占营业收入比重

指标解释：R&D经费支出占营业收入比重，是指园区R&D经费支出与其营业收入之比，是国际上通用的衡量地区科技投入强度的重要指标。

计算方法：R&D经费支出占营业收入比重（%）= R&D经费支出总额（万元）/园区企业营业收入总额（万元）。

A.8 园区企业获得发明专利数

指标解释：园区企业获得发明专利数，是指报告期内园区企业获得授权的发明专利数量，用于衡量工业园区科技创新能力。

A.9 国家级高新技术企业工业增加值占比

指标解释：国家级高新技术企业工业增加值占比，是指园区内国家级高新技术企业工业增加值与园区工业增加值总额的比值，用于衡量工业园区高新技术企业的贡献度。

计算方法：国家级高新技术企业工业增加值（万元）/园区工业增加值（万元）×100%。

A.10 战略性新兴产业工业增加值占比

指标解释：战略性新兴产业工业增加值占比，是指园区战略性新兴产业的工业增加值与园区工业增加值总额的比值，用于衡量工业园区内战略性新兴产业对经济发展的贡献度。战略性新兴产业的界定参照国家统计局发布的《战略性新兴产业分类》。

计算方法：战略性新兴产业工业增加值（万元）/园区工业增加值（万元）×100%。

A.11 单位工业增加值二氧化碳排放量年均削减率

指标解释：单位工业增加值二氧化碳排放量年均削减率，是指工业园区生产单位工业增加值所排放二氧化碳量的年均削减率。二氧化碳排放量主要包括化石能源燃烧、生物质能源燃烧排放的二氧化碳量以及电力调入调出间接排放二氧化碳量。

计算方法：单位工业增加值二氧化碳排放量年均削减率（%）= {1 - [本年度园区工业企业二氧化碳排放总量（吨）/本年度园区工业增加值总额（万元）] / [上年度园区工业企业二氧化碳排放总量（吨）/上年度园区工业增加值总额（万元）]} ×100%。

园区二氧化碳排放总量的计算按照 HJ274 - 2015 的方法计算。

A.12 单位工业增加值废水排放量

指标解释：单位工业增加值废水排放量是指工业园区生产单位工业增加值所产生的工业废水排放量，其中，工业废水排放量不包括企业梯级利用的废水和园区内居民排放的生活废水。

计算方法：单位工业增加值废水排放量（吨/万元）= 园区工业企业废水排放总量（吨）/园区工业增加值总额（万元）。

A.13 单位工业增加值固体废物产生量

指标解释：单位工业增加值固体废物产生量，是指工业园区生产单位工业增加值所产生的工业固体废物量，其中，工业固体废物量仅指园区内企业产生的工业固体废物量，不包含园区外产生并运送至园区内处置的废物量。

计算方法：单位工业增加值固体废物产生量（吨/万元）=园区工业固体废物产生量（吨）/园区工业增加值总额（万元）。

A.14 主要污染物排放弹性系数

指标解释：主要污染物排放弹性系数，是指工业园区所产生的主要污染物排放弹性系数的算术平均值。其中，主要污染物指国家明确要求进行总量减排和控制的污染物，包括 COD、SO_2、氨氮、NO_x 等种类总数为 n。

计算方法：主要污染物排放弹性系数 = $\sum$ 某种污染物排放弹性系数/n；某种主要污染物排放弹性系数 = 某种主要污染物排放总量年均增长率（%）/园区工业增加值年均增长率（%）。

A.15 工业企业清洁生产审核实施率

指标解释：园区内通过清洁生产审核的工业企业的占比。

计算方法：工业企业清洁生产审核实施率（%）=通过清洁生产审核的企业数（个）/园区注册工业企业总数（个）×100%。

A.16 土地产出率

指标解释：土地产出率指报告期内园区单位工业用地面积产生的工业增加值。工业用地面积指工业园区规划建设范围内按照土地规划作为工业用地并已投入生产的土地面积，在此以园区占地面积代替。

计算方法：土地产出率（万元/吨）=园区工业增加值（万元不变价）/园区占地面积（平方千米）。

A.17 能源产出率

指标解释：能源产出率指报告期内园区工业增加值与能源消耗总量的比值，该项指标越大，表明能源产出效率越高。能源主要包括原煤、原油、天然气、核电、水电、风电等一次能源。

计算方法：能源产出率（万元/吨）=园区工业增加值（万元不变价）/能源综合消耗总量（tce）。

A.18　水资源产出率

指标解释：水资源产出率指报告期内园区消耗单位新鲜水量所创造的工业增加值。工业新鲜水消耗量指报告期内园区用于生产和生活的新鲜水量（生活用水单独计量且生活污水不与工业废水混排的除外），它等于园区企业从市政自来水取用的水量和园区企业自备水用量之和。

计算方法：水资源产出率（万元/吨）=园区工业增加值（万元不变价）/园区工业新鲜水消耗量（立方米）。

A.19　再生水（中水）回用率

指标解释：指园区内再生水（中水）的回用量与污水处理厂污水处理量的比值。其中，再生水（中水）指二级达标水经再生工艺净化处理后，达到中水水质要求，满足某种使用要求的水。

计算方法：中水回用率（%）=园区再生水（中水）回用量（万吨）/园区污水处理厂污水处理量（万吨）×100%。

A.20　工业固体废弃物综合利用率

指标解释：工业固体废弃物综合利用率指工业固体废物综合利用量占工业固体废物产生量（包括综合利用往年贮存量）的百分率。工业固体废物综合利用量指报告期内企业通过回收、加工、循环、交换等方式，从固体废物中提取或者使其转化为可以利用的资源、能源和其他原材料的固体废物量（包括当年利用往年的工业固体废物贮存量），如用作农业肥料、生产建筑材料、筑路等。综合利用量由原产生固体废物的单位统计。

计算方法：工业固体废弃物综合利用率（%）=报告期工业固体废弃物综合利用量（t）/[报告期工业固体废弃物产生量（t）+往年贮存固体废弃物综合利用量（t）]×100%。

A.21　园区综合信息管理平台完善度

指标解释：园区综合信息管理平台完善度是指工业园区管委会建立综合性园区管理信息平台，对园区企业生产经营、污染物排放、通知公告、经验技术等实施信息化管理。

计算方法：完成以下五项中每一项的得分为20分，五项均合格则平台的完善程度为100分。（1）定期发布工业园区的各项管理规定、通知公告以及年度管理服务质量报告等；（2）每年发布工业园区可持续发展的各项指标数据及在同类型园区中的排名概况；（3）发布工业园区内企业在生态工业、循环经济、清洁生产以及提供社会服务方面的先进技术或经验总结；（4）定期公开园区内重点排污单位的相关信息，公开信息的内容和要求见《企业事业单位环境信息公开办法》；（5）定期对工业园区内部职工、企业以及园区周边社区的满意度进行调查，征集意见和建议，公示调查评价结果并积极改善园区综合管理水平。

A.22 企业ISO9001认证比例

指标解释：企业ISO9001认证比例是指园区内通过ISO9001认证的企业占比。

计算方法：企业ISO9001认证比例（%）=通过ISO9001认证的企业数（个）/园区企业注册数（个）×100%。

A.23 企业ISO14001认证比例

指标解释：企业ISO14001认证比例是指工业园区内通过ISO14001认证的企业数量占园区内企业总量的比重。

计算方法：企业ISO14001认证比率（%）=通过ISO14001认证的企业数（个）/园区企业注册数（个）×100%。

A.24 工业企业污染物在线监测覆盖率

指标解释：工业企业污染物在线监测覆盖率是指工业园区内开展污染物在线监测的工业企业占比。

计算方法：工业企业污染物在线监测覆盖率（%）=开展污染物在线监测工业企业数（个）/园区工业企业注册数（个）×100%。

A.25 重点用能单位能源在线监测覆盖率

指标解释：重点用能单位能源在线监测覆盖率是指开展能源在

线监测的重点用能单位占比。

计算方法：重点用能单位能源在线监测覆盖率（％）＝开展能源在线监测企业数（个）/园区企业注册总数（个）×100％。

A.26 职工就业满意度

指标解释：职工就业满意度反映了工业园区内职工的主观感受，是工业园区实现社会责任的重要体现之一。

计算方法：由项目人员采用问卷调查的形式在每个报告期内向园区内职工发放、收集。问卷共10题，每题可选1~10分，满分100分，按照评分制公布满意度均值结果。问卷样本量不少于100份，样本量的选取应尽量均匀分散到园区内的各个企业。问卷内容参照附录B.1。

A.27 企业满意度

指标解释：企业满意度反映了工业园区内企业对园区整体管理与服务水平的评价，也是工业园区履行社会责任的重要体现之一。

计算方法：由项目人员采用问卷调查的形式在每个报告期内向园区内所有企业发放收集。问卷共10题，每题可选1~10分，满分100分，按照评分制公布满意度均值结果。问卷内容参照附录B.2。

A.28 社区居民满意度

指标解释：社区居民满意度反映了工业园区周边社区群众的主观感受，同样是工业园区实现社会责任的重要体现之一。

计算方法：由项目人员采用问卷调查的形式在每个报告期内向园区周边社区居委会发放收集。问卷共5题，每题可选1~20分，满分100分，按照评分制公布满意度均值结果。问卷样本量不少于100份，样本量的选取应尽量均匀分散到园区周边各个社区。问卷内容参照附录B.3。

A.29 单位土地就业岗位数

指标解释：单位土地就业岗位数，是指工业园区单位土地面积提供的就业岗位总数，是园区履行社会责任、实现社会效益的重要方式之一。

计算方法：单位土地就业岗位数（个/平方千米）=园区就业总人数（个）/园区占地总面积（平方千米）。

A.30 设立公益基金企业占比

指标解释：设立公益基金企业占比是指园区内设立公益基金，积极回馈社会的企业占园区内企业总数的比例。

计算方法：设立公益基金企业占比（%）=设立公益基金企业数（个）/园区注册企业总数（个）×100%。

附录 B 满意度调查问卷

B.1 职工满意度调查问卷

请根据您的真实意愿进行打分,分值范围为 0~10,0 代表非常不满意,10 代表非常满意。

1. 您对目前的工作满意程度:_____。

2. 您对您当前薪酬水平的满意程度:_____。

3. 您对园区提供生产环境的满意程度:_____。

4. 您对园区提供的技能培训与指导的满意程度:_____。

5. 您对园区提供的就餐服务的满意程度:_____。

6. 您对园区提供的通勤等公共交通服务的满意程度:_____。

7. 您对停车位设置与管理的评价:_____。

8. 您对园区开展文化娱乐活动的满意程度:_____。

9. 您对园区提供的工商登记、税务等行政管理实务的满意程度:_____。

10. 您对园区管理服务解决问题的及时性和有效性的满意程度:_____。

B.2 企业满意度调查问卷

请根据您的真实意愿进行打分,分值范围为 0~10,0 代表非常不满意,10 代表非常满意。

1. 您对园区办理企业入驻手续的效率的评价:_____。

2. 您对园区规章制度的公平公正、科学合理程度的评价:_____。

3. 您对园区的创业条件及氛围的评价：_____。

4. 您对园区网络状况的评价：_____。

5. 您对园区供电供水状况的评价：_____。

6. 您对园区的厂区、楼宇环境的评价：_____。

7. 您对园区物业等基础服务的评价：_____。

8. 您对园区管理服务人员解决问题效率的评价：_____。

9. 您对园区消防设施、设备维护情况的评价：_____。

10. 您对公共区域卫生情况及园区绿化养护状况的评价：_____。

B.3 社区居民满意度调查问卷

请根据您的真实意愿进行打分，分值范围为 0~20。

1. 您认为园区建设对当地就业拉动影响大吗：_____。

［输入 0（无拉动作用）到 20（拉动作用非常大）的数字］

2. 园区的工作环境以及施工等问题对您所在社区的影响严重吗：_____。

［输入 0（负面影响很严重）到 20（几乎无影响）的数字］

3. 您对园区交通安全与交通拥堵管理的评价：_____。

［输入 0（非常不满意）到 20（非常满意）的数字］

4. 您对园区公共卫生服务区域的满意程度：_____。

［输入 0（非常不满意）到 20（非常满意）的数字］

5. 您对园区污染排放处理的满意度：_____。

［输入 0（非常不满意）到 20（非常满意）的数字］

附录 C　工业园区智慧化发展案例

智慧园区是指在开发区的区域内，按照科学的园区发展理念，融合应用云计算、物联网、大数据等新一代信息与通信技术，通过监测、分析、整合以及智慧响应的方式全面整合园区内外资源，实现园区基础设施智能化、规划管理信息化、公共服务便捷化、社会治理精细化和产业发展现代化，现以苏州工业园为例来阐述智慧园区。

苏州工业园案例[①]

1. 智能化社区服务体系

打通公共文化服务"最后一公里"。

生活在园区小伙伴们应该都知道，邻里中心是园区的一大特色，而邻里中心里的民众联络所是个"神奇的地方"。一般包括社区工作站、民众俱乐部、社区卫生站、乐龄生活馆、邻动文体站等七大功能场所。园区智慧社区是借鉴新加坡公共管理经验，依托民众联络所"升级"社区服务功能，一站式满足各类群体的多元文化需求是园区在发展中创新探索的公共文化服务模式。园区从去年起全面创建社区智能综合性文化服务中心，预计年底将建成 156 个。至 2020 年，全区社区综合性文化服务中心标准化达标率将达 100%。社区综合性文化服务中心可提供阅读、体育、文化等综合

---

① 资料来源：《喜讯！苏州工业园区获首批"江苏省智慧园区"》，园区大数据发布公众号，2019 年 10 月 8 日。

性服务，致力于让居民享有更丰富、更高质量的公共文化服务。

2. 智慧城市新空间

测绘厘米级精度，托起园区智慧城市新空间。

园区所有管线的测量都达到了厘米级的精度，并实现了数字化的管理。在"地下管线信息云平台"上，通过二维视图，管线分布和长度一目了然；通过三维建模，管与管、线与线之间的空间关系又清晰可见。氮气、电信、给水、供电、混水、交通指挥信号、军用、路灯、燃气、污水、西气东输配套光缆、有线电视、雨水、蒸汽，共计14类管线相互交织，有序运行，构建出园区"智慧城市"牢靠的地下空间。

3. 产业创新与发展

园区坚持以创新引领转型升级，成功跻身建设世界一流高科技园区行列。

生物医药、纳米技术应用、人工智能产业已初具规模，2018年分别实现产值780亿元、650亿元、250亿元，同比增长27%、30%、38%，高新技术产业产值占规上工业产值比重达到70%以上。新增中科院微电子所、自动化所、计算所、生物物理所4家科研院所落户，全球首个纳米真空互联实验站大科学装置一期已建成使用，全球人工智能产品应用博览会、中国国际纳米技术产业博览会、医药创新与投资大会等重大活动成功举办。

引进高层次人才、创办高科技企业、发展高新技术产业。2018年底累计国家高新技术企业达1046家，累计培育3家科技部独角兽企业，集聚科技企业超5000家。累计评审科技领军人才项目近1500个，人才项目质量、规模快速提升。哈佛大学、牛津大学、麻省理工学院等国际顶尖高校在园区设立研究机构或离岸创新基地。集聚新型研发机构近500家，万人有效发明专利拥有量149件，平均每天产生发明专利18件。在波士顿、新加坡等地设立一批海外离岸创新创业基地。

4. 智慧教育应用

园区坚持应用驱动，完成"智慧教育数字化应用实验室""智慧教育大数据应用实验室"两大实验室建设，目前园区选取了"智慧教育大数据应用"基地学校2所、实验学校5所，"智慧教育数字化学习"基地学校3所、实验学校12所，作为推进大数据驱动下的适合教育实践探索试点。

5. 信息化保障新机制

建立信息化保障新机制，快速推进智慧政务新体验。

统筹建立人口、法人、地理三大信息基础数据库，建立统一共享交换体系和数据服务平台。网上审批，优化流程，提高效率。"网上网下一体化"、"一网、一门、一次"、"不见面"审批（服务）、"一张网"都是园区政务服务的改革成果。推行的"一窗受理"、"证照分离"、套餐服务、全程电子化登记，持续为企业开办提速，做好企业各项服务。

参 考 文 献

[1] 毕伟. 循环经济理论、实践及其综合评价体系研究 [D]. 天津：天津大学，2006.

[2] 曹斌，林剑艺，崔胜辉. 可持续发展评价指标体系研究综述 [J]. 环境科学与技术，2010，33 (3)：99-105，122.

[3] 曹军新. 构建可持续经济发展指数 [J]. 中国金融，2015 (20)：48-49.

[4] 曹瑛. 从生态工业园区到区域副产品交换网络——构建基于促进机构、信息中心与物流平台的区域工业生态体系 [J]. 科技进步与对策，2007 (3)：37-40.

[5] 陈洪波，姜晓峰. 基于物质流分析的工业园区循环化改造模式研究——以铜川市董家河工业园区为例 [J]. 生态经济，2016，32 (10)：40-45.

[6] 陈金山，周卫平. 可持续发展评价指标体系构建及其实证检验——以化工工业园区为分析对象 [J]. 求索，2010 (11)：83-85.

[7] 陈秀珍，王玉灵. 生态工业园区可持续发展评价体系研究 [J]. 科技和产业，2008 (7)：29-33.

[8] 陈振环，张彦发，朱洪革. 中国林业生态足迹、生态压力与生态效率评价 [J]. 林业经济问题，2020，40 (5)：510-517.

[9] 戴国新，孙淑英，贾小平. 生态工业园环境管理信息系统平台建设 [J]. 河北化工，2008 (4)：9-12.

[10] 戴漾泓. 生态工业园区绩效评价体系构建研究 [D]. 长沙：湖南大学，2016.

[11] 杜斌, 等. 可持续经济福利指数衡量城市可持续性的应用研究 [J]. 环境保护, 2004 (8): 51-54.

[12] 范晓鹏. 生态工业园区建设的环境管理模式浅析 [J]. 中国资源综合利用, 2020, 38 (5): 120-122.

[13] 范育鹏, 乔琦. 基于工业生态化建设的工业园区环境管理研究 [J]. 中国环境管理, 2016, 8 (5): 80-84.

[14] 符正平, 麦景琦. 生态省试点与可持续发展能力——基于生态足迹视角 [J]. 中山大学学报 (社会科学版), 2021 (2): 176-186.

[15] 龚凤祥, 王国顺, 郑准. 园区要素服务、资源配置与企业绩效的关系 [J]. 系统工程, 2013, 31 (9): 107-113.

[16] 关新宇, 陈英葵. 中国生态工业园区评价指标体系研究述评 [J]. 工业经济论坛, 2017, 4 (5): 19-26, 47.

[17] 郝春旭, 侯一蕾, 李小勇. 三明市集体林权制度改革的农村社会经济福利测度 [J]. 北京林业大学学报 (社会科学版), 2013 (4): 21-26.

[18] 郝琳琳, 乔忠. 生态工业园区物质流探析 [J]. 科技管理研究, 2008, 28 (11): 56-57.

[19] 贺艳华, 等. 长江经济带城乡居民福祉测度及其差异 [J]. 热带地理, 2021: 1-17.

[20] 黑龙江省政府发展研究中心课题组, 罗丛霞, 张晓燕. 提升黑龙江省产业园区综合服务水平的对策建议 [J]. 统计与咨询, 2012 (5): 9-11.

[21] 洪竞科, 张天翼. 时空分异视角下工业污染影响机制研究 [J]. 工业技术经济, 2021, 40 (5): 89-98.

[22] 胡世伟, 汪东亮. 基于生态足迹理论的休闲农业发展驱动因子分析 [J]. 中国农业资源与区划, 2018, 39 (5): 219-223.

[23] 黄敏, 任栋. 中国人类发展指数体系创新与区域比较 [J]. 经济社会体制比较, 2020 (1): 170-178.

[24] 贾小平, 石磊, 杨友麒. 工业园区生态化发展的挑战与过程系统工程的机遇 [J/OL]. 化工学报: 1-32 [2021-04-03]. http://kns.cnki.net/kcms/detail/11.1946.tq.20210205.1720.002.html.

[25] 江文文, 徐国斌. 特大城市边缘地带工业园区可持续发展规划研究——以武汉青山（国家）环保工业园规划为例 [J]. 国际城市规划, 2014, 29 (5): 22-29.

[26] 姜超. 基于系统动力学的江西"科技入园"运行机制研究 [D]. 南昌大学, 2012.

[27] 姜楠. 生态工业园区综合评价体系研究 [D]. 长春: 吉林大学, 2007.

[28] 李博. 生态学 [M]. 北京: 高等教育出版社, 1999.

[29] 李逢春. 矿区生态工业园规划建设研究 [D]. 乌鲁木齐: 新疆大学, 2011.

[30] 李京文. 经济增长方式转变的国际经验（一）[J]. 数量经济技术经济研究, 1996 (9): 3-13.

[31] 李婧, 黄璐, 严力蛟. 中国"三大经济模式"的可持续发展——以真实发展指标对6个典型城市的可持续性评估为例 [J]. 应用生态学报, 2016 (6): 1785-1794.

[32] 李具恒, 李国平. 西部可持续开发的逻辑 [J]. 西安交通大学学报, 2003 (2): 8-12.

[33] 李炜, 岳建芳, 安慧子. 循环经济理念下的造纸产业集群发展路径探索 [J]. 中国造纸, 2017, 36 (5): 64-67.

[34] 李晓冰. 生态工业园建设的环境保护与污染控制研究 [D]. 湖南农业大学, 2010.

[35] 廖玉清, 方厚政. 2000~2020年我国生态工业园研究文献回顾 [J]. 中国高校科技, 2020 (7): 78-80.

[36] 刘呈军, 聂富强, 任栋. 高质量发展背景下我国人类发展指数协调性测度 [J]. 统计与决策, 2021 (5): 60-64.

[37] 刘呈军, 聂富强, 任栋. 我国人类发展水平的测度研究——

基于新发展理念的 HDI 拓展研究 [J]. 经济问题探索, 2020 (3): 58-73.

[38] 刘景洋, 乔琦, 姚扬, 等. 生态工业园区评价指标体系研究——综合类生态工业园区 [J]. 现代化工, 2007 (7): 58-61.

[39] 刘力, 郑京淑. 产业生态研究与生态工业园开发模式初探 [J]. 经济地理, 2001 (5): 620-623.

[40] 刘巍, 田金平, 李星, 等. 基于数据包络分析的综合类生态工业园区环境绩效研究 [J]. 生态经济, 2012 (7): 125-128, 148.

[41] 刘渝琳, 余尊宝. 经济与社会福利非均衡增长的考量——我国 ISEW 核算及实证研究 [J]. 软科学, 2014, 28 (10): 6-10.

[42] 柳楷玲. 工业园生态系统健康评价研究 [D]. 大连: 大连理工大学, 2016.

[43] 罗恩华. 园区循环化改造的基本路径设计 [D]. 北京: 清华大学, 2014.

[44] 毛汉英. 山东省可持续发展指标体系初步研究 [J]. 地理研究, 1996 (4): 16-23.

[45] 梅亮, 陈劲, 李福嘉. 责任式创新: "内涵—理论—方法" 的整合框架 [J]. 科学学研究, 2018, 36 (3): 521-530.

[46] 宁凌, 马乃毅, 赵方园. 基于 AHP-FCE 的科技园区可持续发展能力评价——以广东省科技园区为例 [J]. 科技管理研究, 2017, 37 (15): 57-61.

[47] 宁晓刚. 太原市高新区低碳评价指标体系研究 [D]. 太原: 山西大学, 2015.

[48] 牛文元. 可持续发展理论的内涵认知——纪念联合国里约环发大会 20 周年 [J]. 中国人口·资源与环境, 2012, 22 (5): 9-14.

[49] 潘苏楠, 李北伟, 聂洪光. 中国经济低碳转型可持续发展综合评价及障碍因素分析 [J]. 经济问题探索, 2019 (6): 165-173.

[50] 彭劲松. 传统工业园区的生态化转型及其与城市共生的发展研究——以重庆同兴工业园区为例 [J]. 城市, 2010 (2): 40-43.

[51] 皮尔斯, 沃福德. 世界无末日——经济学、环境与可持续

发展 [M]. 北京: 中国财经出版社, 1996.

[52] 蒲勇健. 可持续发展经济增长方式的数量刻画与指数构造 [M]. 重庆: 重庆大学出版社, 1997.

[53] 乔琦. 工业代谢分析在生态工业园区规划中的应用 [C]. 中国环境科学学会. 中国环境科学学会2009年学术年会论文集 (第三卷). 中国环境科学学会: 中国环境科学学会, 2009: 1077-1080.

[54] 裘洁. 江西工业园区科技服务体系研究 [D]. 南昌: 南昌大学, 2012.

[55] 曲英, 秦兰. 中国生态工业园可持续发展评价指标体系研究 [J]. 中国人口·资源与环境, 2013, 23 (S2): 32-36.

[56] 阮熹晟, 李坦, 张藕香, 等. 基于生态服务价值的长江经济带耕地生态补偿量化研究 [J]. 中国农业资源与区划, 2021, 42 (1): 68-76.

[57] 商华. 工业园生态效率测度与评价 [D]. 大连: 大连理工大学, 2007.

[58] 佘雁翎, 付丽洋, 张启, 等. 工业园区环境综合整治思路及对策研究 [J]. 中国资源综合利用, 2018, 36 (7): 151-152, 156.

[59] 沈江, 宋叙言. 基于"3R"的生态工业园区环境评价指标体系研究 [J]. 东北大学学报 (社会科学版), 2015, 17 (1): 51-55.

[60] 孙群英, 朱震锋, 曹玉昆. 低碳经济视域下中国省级区域绿色创新能力评价分析——以黑龙江省为例 [J]. 林业经济, 2019, 41 (11): 34-42.

[61] 孙永洁. 产业园区构建科技服务体系的路径研究——以紫竹高新区为例 [J]. 科技视界, 2019 (8): 210-212.

[62] 田金平, 刘巍, 李星, 等. 中国生态工业园区发展模式研究 [J]. 中国人口·资源与环境, 2012, 22 (7): 60-66.

[63] 田金平, 刘巍, 臧娜, 等. 中国生态工业园区发展现状与展望 [J]. 生态学报, 2016, 36 (22): 7323-7334.

[64] 王琨，朱莹莹，李玉双. 工业园区"生态化"再建设路径研究——以浙江嘉兴乍浦经济开发区为例 [J]. 改革与战略，2017，33 (4)：106-109.

[65] 王圣云，姜婧. 中国人类发展指数 (HDI) 区域不平衡演变及其结构分解 [J]. 数量经济技术经济研究，2020，37 (4)：85-106.

[66] 王圣云，翟晨阳. 全球人类发展指数 (HDI) 的空间差异演化与要素分析 [J]. 经济地理，2018，38 (7)：34-42.

[67] 王文寅，刘佳. 环境规制与全要素生产率之间的门槛效应分析——基于 HDI 分区和 ACF 法 [J]. 经济问题，2021 (2)：53-60.

[68] 王艳红，段雪梅. 西部地区承接国际产业转移的低碳发展机制与路径研究 [J]. 生态经济，2017，33 (5)：118-121.

[69] 王艳秋，姜冰玉，赵天明，尹志红. 油气资源型城市生态工业园产业耦合共生网络生态效率评价 [J]. 科技管理研究，2019，39 (5)：51-58.

[70] 王燕飞，袁友胜. 可持续发展观下兰考闫楼乡板材工业园设计 [J]. 工业建筑，2017，47 (10)：195-198，145.

[71] 王屹，连会青. 章村矿矿山生态工业园建设可持续性评价 [J]. 煤矿开采，2013，18 (3)：85-88.

[72] 魏黎灵，李岚彬，林月，等. 基于生态足迹法的闽三角城市群生态安全评价 [J]. 生态学报，2018，38 (12)：4317-4326.

[73] 温宗国，胡赟，罗恩华. 工业园区循环化改造路径及实证分析 [J]. 环境保护，2016，44 (17)：13-17.

[74] 吴倩. 基于平衡计分卡的世界一流园区综合发展评价研究 [D]. 苏州：苏州大学，2009.

[75] 熊国保，罗元大. 以"负责任创新"推进我国生态工业园区创新发展 [J]. 生态经济，2021，37 (3)：68-73.

[76] 熊艳. 生态工业园发展研究综述 [J]. 中国地质大学学报（社会科学版），2009，9 (1)：63-67.

[77] 熊英禹, 赵鹏雷. 化工产业园区发展存在的生态环境问题及对策建议 [J]. 环境保护与循环经济, 2020, 40 (11): 82-86.

[78] 徐凌星, 杨德伟, 高雪莉, 等. 工业园区循环经济关联与生态效率评价——以福建省蛟洋循环经济示范园区为例 [J]. 生态学报, 2019, 39 (12): 4328-4336.

[79] 薛伟贤, 郑玉雯, 王迪. 基于循环经济的我国西部地区生态工业园区优化设计研究 [J]. 中国软科学, 2018 (6): 82-96.

[80] 薛运芳. 选准活动载体强化科技支撑 [J]. 河南科技, 2003 (10): 33.

[81] 杨朝远, 李培鑫. 中国城市群可持续发展研究——基于理念及其评价分析 [J]. 重庆大学学报 (社会科学版), 2018, 24 (3): 1-12.

[82] 杨丽雪, 张明善, 王尚成, 等. 基于生态足迹模型的川西北高原地区可持续发展的耦合路径分析 [J/OL]. 民族学刊: 1-6 [2021-04-11].

[83] 曾珍香, 顾培亮, 张闽. 可持续发展的概念及内涵的研究 [J]. 管理世界, 1998 (2): 209-210.

[84] 张彩霞, 王艳. 区域生态工业园区评价指标体系研究 [J]. 统计与管理, 2019 (6): 51-54.

[85] 张东生, 冯腾月. 园区循环化改造方案编制的基本框架和实施路径 [J]. 生态经济, 2018, 34 (5): 70-74.

[86] 张飞, 平英华, 严雪凤, 等. 农业园区科技支撑体系构建探讨——以南京白马现代农业高新技术产业园区为例 [J]. 安徽农业科学, 2020, 48 (9): 263-266, 271.

[87] 张培. 基于物质流分析的工业园生态效率研究 [D]. 广州: 暨南大学, 2011.

[88] 张世秋. 可持续发展环境指标体系的初步探讨 [J]. 北京: 世界环境, 1996 (3): 8-9.

[89] 张艳秋. 基于物质流分析的金昌市生态工业研究 [D]. 兰

州：兰州大学，2007.

［90］张芸，陈秀琼，王童瑶，等. 基于能值理论的钢铁工业园区可持续性评价［J］. 湖南大学学报（自然科学版），2010，37（11）：66－71.

［91］张泽，胡宝清，丘海红，等. 基于山江海视角与SRP模型的桂西南－北部湾生态环境脆弱性评价［J/OL］. 地球与环境：1－10［2021－04－11］. https：//doi. org/10. 14050/j. cnki. 1672－9250. 2021. 49. 064.

［92］张自然，张平，刘霞辉，等. 1990－2011年中国城市可持续发展评价［J］. 金融评论，2014，6（5）：41－69，124.

［93］张宗和，彭昌奇. 区域技术创新能力影响因素的实证分析——基于全国30个省市区的面板数据［J］. 中国工业经济，2009（11）：35－44.

［94］张宗益，周勇，钱灿，等. 基于SFA模型的我国区域技术创新效率的实证研究［J］. 软科学，2006（2）：125－128.

［95］甄翌，麻学锋，李志龙. 旅游城镇化不可转移生态足迹演变及驱动因素［J］. 生态学报，2020，40（21）：7908－7920.

［96］中国国际经济交流中心，美国哥伦比亚大学地球研究院，阿里研究院. 可持续发展蓝皮书：中国可持续发展评价报告（2020）［M］. 北京：社会科学文献出版社，2020.

［97］中国科学院可持续发展研究组. 中国可持续发展战略报告［M］：北京：科学出版社，1999.

［98］中国科学院可持续发展战略研究组. 中国可持续发展战略报告——全球视野下的中国可持续发展［M］. 北京：科学出版社，2012.

［99］中国科学院可持续发展战略研究组. 中国可持续发展战略报告——未来10年的生态文明之路［M］. 北京：科学出版社，2013.

［100］中国GPI研究组，金周英. 中国的真实进步指标（GPI）系统——一种促进可持续发展的工具［J］. 中国科学院院刊，2010

(2): 180-185.

[101] 钟玲,柳若安,李燚佩,等.新形势下我国工业园区水污染减排机制的构建研究[J].工业水处理,2017,37(4):1-5.

[102] 钟书华.工业生态学与生态工业园区[J].科技管理研究,2003(1):58-60.

[103] 周慧敏,王成新,郝兆印.中国人类发展水平演化的时空分异特征[J].济南大学学报(自然科学版),2019,33(4):339-346.

[104] 周志田,杨多贵,康大臣.中国可持续发展科技支撑体系建设的战略构想[J].科学学研究,2005(S1):78-80.

[105] 朱万春.可持续发展背景下基于生态足迹法的旅游扶贫与精准识别研究[J].生态经济,2018,34(7):104-109.

[106] 朱文博,李双成,朱连奇.中国省域生态系统服务足迹流动及其影响因素[J].地理研究,2019,38(2):337-347.

[107] Ernest A., Lowe. Creating by-product resource exchanges: Strategies for eco-industrial parks [J]. Journal of Cleaner Production, 1997, 5(1): 51-65.

[108] Hardi, P; Zdan, T. *Assessing sustainable development: principles in practice* [M]. Canada: Winnipeg: International Institute for Sustainable Development, 1997.

[109] Kates R., Clark W. C., Corell R., et al. Sustainability science [J]. *Science*, 2001, 292(4): 641-642.

[110] Quinn B. Creating a new generation of environmental management [J]. *Pollution Engineering*, 1997, 29(6): 60-62.

[111] Quinn B. Pollution engineering, 1997, 29(6): 60-62.

[112] Richards D. J., Allenby B. R. *The Greening of Industrial Ecosystems* [M]. Washington, D. C.: National Academy Press, 1994: 1-19.

[113] Singh R. K., Murty H. R., Gupta S. K., et al. An overview of sustainability assessment methodologies [J]. *Ecological Indicators*,

2009, 9: 189-212.

[114] Wei Jianfei, Ding Zhiwei, Meng Yiwei, LI Qiang. Regional Sustainable Assessment at City Level Based on CSDIS (China Sustainable Development Indicator System) Concept in the New Era, China [J]. *Chinese Geographical Science*, 2020, 30 (6): 976-992.

[115] Yoshida M., Khlaisang J., Xiong C. Use of the genuine progress indicator in global education [J]. *Globalization, Societies and Education*, 2020, 18 (2).

后　　记

我本人从 2003 年开始研究循环经济，参与了国家发改委有关循环经济、生态文明建设的政策、规划等的研究过程，特别是参与了从 2004 年开始的全国循环经济发展、生态文明建设的试点示范工作，深入各类企业、园区进行调研，参加试点方案的研究制定、论证评审等工作，深切感受到园区经济在绿色循环低碳发展中对区域经济的带动示范作用，同时也感受到指标评价体系的缺失和不健全对园区可持续发展的影响，一直想从推动工业园区可持续发展各个方面做一些研究，以期对在工业园区构建绿色循环低碳经济体系做一点微薄贡献。感谢经济科学出版社使我的愿望变成现实，感谢研究过程中我的同事张德元以及王妍、崔璇、范心雨等同志的帮助。

杨春平

2021 年 9 月 10 日